Do projecto ao edifício, do habitat ao espaço envolvente, do campo à cidade, do funcional à vanguarda, do pitoresco ao estético, da utopia à realidade — o campo de análise é imenso. A razão de ser desta colecção reside na abordagem, sob os ângulos mais diversos, das questões fundamentais da arquitectura e do urbanismo. Mas isso não implica, naturalmente, a exclusão de estudos referentes a outras épocas, sobretudo quando contribuem para melhor compreendermos a nossa.

AUTOBIOGRAFIA CIENTÍFICA

ALDO ROSSI
AUTOBIOGRAFIA CIENTÍFICA

PREFÁCIO E POSFÁCIO DE VINCENT SCULLY

Título original:
Autobiografia scientifica

Copyright © Herdeiros de Aldo Rossi, 2013, para o texto e imagens

Autobiografia scientifica © Aldo Rossi, 1981
Crescendo © Vera Rossi, 2009
Tradução: José Charters Monteiro, 2013

Posfácio © Vincent Scully, 1981
Prefácio © Vincent Scully, 2009
Tradução: José Charters Monteiro, Nuno Jacinto, 2013

Reencontro © José Charters Monteiro, 2013

Capa: FBA
Ilustração de capa: Casa do Estudante Chieti, 1976

Depósito Legal n.º 365420/13

Biblioteca Nacional de Portugal – Catalogação na Publicação

ROSSI, Aldo, 1931-1997

Autobiografia científica. – (Arquitectura & urbanismo ; 13)
ISBN 978-972-44-1747-9

CDU 929Rossi, Aldo
72Rossi, Aldo
821.131.1-94"19"

Paginação:
MA

Impressão e acabamento:
PENTAEDRO
para
EDIÇÕES 70, LDA.
Dezembro de 2018

Direitos reservados para todos os países de Língua Portuguesa
por Edições 70

EDIÇÕES 70, uma chancela de Edições Almedina, S.A.
Avenida Fontes Pereira de Melo, 31 – 3.º C – 1050-117 Lisboa / Portugal
e-mail: geral@edicoes70.pt

www.edicoes70.pt

Esta obra está protegida pela lei. Não pode ser reproduzida,
no todo ou em parte, qualquer que seja o modo utilizado,
incluindo fotocópia e xerocópia, sem prévia autorização do Editor.
Qualquer transgressão à lei dos Direitos de Autor será passível
de procedimento judicial.

Índice

NOTA À EDIÇÃO PORTUGUESA   11

CRESCENDO
Vera Rossi   13

REENCONTRO
José Charters Monteiro   15

PREFÁCIO. MISSING ROSSI
Vincent Scully   17

AUTOBIOGRAFIA CIENTÍFICA
Aldo Rossi   19

POSFÁCIO. A IDEOLOGIA NA FORMA
Vincent Scully   129

DESENHOS   139

Referências fotográficas

Gianni Braghieri 24, 30, 32, 47, 64, 86, 88, 90, 94

Roberto Freno 26, 28, 34, 41, 44

Heinrich Helfenstein 36

Aldo Rossi 39

George Tice 50

Dick Frank 53

José Charters Monteiro 55

Museo Civico di Padova, Gabinetto Fotografico 59

Antonio Martinelli 104

Giacinto Manfredi e Ida Biggi 108

Edouard A. Stackpole 122

Nota à edição portuguesa

Esta edição da *Autobiografia científica* propõe a estrutura dada pelo autor à primeira edição da obra, publicada por The MIT Press em 1981.

O livro recupera o repertório iconográfico original do texto de Aldo Rossi e propõe ainda, no final:

- o Posfácio da primeira edição assinado por Vincent Scully – e aqui traduzido em português pela primeira vez;
- a secção de ilustrações a preto e branco relativas aos projectos que, por vontade do Autor, completavam a obra. Este repertório iconográfico é aqui completado com alguns desenhos e obras únicas referidas aos mesmos projectos e reproduzidos a cores, que pertencem a uma coleção privada.

A presente edição portuguesa tem três apresentações: *Crescendo*, de Vera Rossi e *Missing Rossi*, de Vincent Scully, ambas da edição italiana de 2009; e *Reencontro*, de José Charters Monteiro.

Crescendo
Vera Rossi

Creio que este livro seja uma das coisas mais preciosas que Aldo Rossi deixou àqueles que o conheceram pessoalmente ou o seguiram como arquitecto e artista, mas sobretudo a quem futuramente o queira estudar.

É certamente o texto que mais amava e no qual conseguiu entrelaçar a narrativa da sua formação humana, cultural, literária, poética e filosófica com a sua ideia de arquitetura. Há nele elementos muito íntimos, a partir das suas impressões de criança que prefiguram as intuições que o impulsionaram para aquela ideia de saber com que se haveria de confrontar toda a vida: um saber não académico mas entendido em sentido absoluto.

Há a intuição de que as coisas, os objectos, a arquitetura, e a arte em geral, representam formas imóveis mas ao mesmo tempo em movimento, uma espécie de estreito entre um aqui e agora e um além e para sempre.

O assombro, o fascínio ou o tormento frente a esta dicotomia da existência fazia-o sentir, de certo modo, já morto, no passado e no entanto extraordinariamente vivo e capaz de influenciar o presente. A relação com os objectos é mística e ao mesmo tempo íntima e as coisas na repetibilidade do uso quotidiano e no seu passar de geração em geração com a mesma função, são percebidas como a arquitetura que atravessa os séculos e se torna teatro das histórias dos homens que a permeiam de vida, produzindo uma ideia da morte como continuação de energia.

Assim, partindo de Max Planck e da sua *Autobiografia científica* começa a percorrer, um após outro, todas as personagens e lugares do seu mundo: Dante, Alberti, Hopper, Stendhall, Filarete, Rosso Fiorentino, os Montes Sagrados, as velhas casas milanesas, Granada, Zurique, Berlim, as velhas coisas abandonadas. O vivido e o imaginário confundem-se com a sua arquitetura que se torna numa unidade feita de "fragmentos recompostos".

Ao crescermos com ele, meu irmão e eu fomos testemunhas deste sentimento de *saudade* da existência no exacto momento em que ela está a decorrer, permeada pelo sentido de uma dimensão paralela, em que a vida é representação de algo, e os objectos e a arquitectura, na sua estática imanência, são os seus símbolos.

O contínuo misturar-se de todos estes elementos para depois os fazer volver a uma ordem; tudo está neste pequeno livro cientificamente elaborado.

Por fim, acrescento que o princípio de "científico" para meu pai, com uma certa dose de ironia, podia abranger tudo. Se cozinhava, chamava à sua cozinha "científica"; tinha de se arrumar de maneira "científica"; gostava das minhas saladas porque preparadas de modo "científico".

A Fundação Aldo Rossi propôs-se o objectivo de reorganizar de maneira sistemática e científica toda a sua obra.

Assim, estamos felizes por esta edição da autobiografia em Portugal, país por ele muito amado e sempre presente no seu imaginário, misturado como fonte de estudo e de inspiração.

> Vera Rossi
> Presidente
> Fundação Aldo Rossi

Um particular agradecimento a Germano Celant, Chiara Spangaro e a Vincent Scully por ter concedido os seus textos. Por fim, obrigado a José Charters Monteiro, amigo de Aldo, além de profundo conhecedor do seu trabalho e do seu pensamento, que acreditou na importância do projecto e que, com a sua tradução, restitui o sentido mais autêntico e íntimo do texto.

Reencontro
José Charters Monteiro

O texto, a obra escrita, sempre conviveu com Aldo Rossi; ganhou maior importância com o seu crescente interesse pela arquitetura. Se bem que usada de modo autónomo, para Aldo Rossi, a linguagem escrita constitui um instrumento de pesquisa e de registo do próprio conhecimento; fundamenta e acompanha, define o processo compositivo e os procedimentos de projeto; explicita atributos e assegura os significados da forma arquitetónica, prefigura o sentido e os resultados da obra. Através da escrita, Aldo Rossi pôde explicar que aprendizagem e ensino, projeto e construção constituem os momentos necessários de um contributo, também e por fim um avanço, para uma construção mais geral: a "cena fixa" do homem. Cena que convoca frequentemente, mesmo quando a observa através da transmutação teatral; que sempre lhe mereceu cuidada atenção em projeto. Entre fixação e evolução, perante factos imprevisíveis que só a pesquisa pode desvelar, os diferentes textos – artigos, ensaios, lições, conferências, monografias, obras *definitivas* – dispõem-se de acordo com o próprio carácter: na análise da cidade e da arquitectura, na análise crítica da história ou no acto eminentemente projetual. Neste caso, os textos prevêem os projetos, antecipam-nos; são parte destes quando comentam a história da arquitetura, os problemas da cidade, a tipologia e a forma urbana, o ensino do projeto.

Entre todos os seus escritos, tão diversos e complementares, há dois que alcançam maior notoriedade: *A arquitectura da cidade* e a *Autobiografia científica*. O primeiro texto representa uma referência incontornável para a compreensão da cidade e da arquitetura, ímpar na sua reflexão sobre o sentido da disciplina e da intervenção na trama da cidade; o segundo texto, este livro, no qual os projetos se propõem mediante as suas "autobiografias", não significa apenas uma declaração ou um testemunho de Aldo Rossi e dos seus projetos – muito menos uma justificação de opções pessoais do homem-arquiteto – mas sim a profunda exposição do cidadão-arquiteto, que assume a sua responsabilidade cultural e cívica. Nesta "autobiografia dos meus projetos" identifica e esclarece como superar os limites do funcionalismo em geral e a sua mais recente manifestação, o *movimento moderno*; esclarece a ligação da arquitectura e da cidade à história, coletiva e pessoal, ao nosso mais recôndito e íntimo sentimento, despoletada através do exercício da memória. Trata-se da sua obra literária por excelência onde, mediante a sua própria experiência, nos surpreende com o seu pensamento sobre a vida e sobre a morte.

Num raciocínio de grande compromisso, desenvolvido de parágrafo em parágrafo, são retomadas as suas notas, escritas ao longo de uma década, sem capítulos nem títulos; o seu "material" parece ser, cada vez mais, o próprio tempo, que tudo permite; sobretudo o aflorar das memórias, que são evocadas ou reencontradas, se aproximam e se interrogam, criando respostas que definem propósitos e diferente entendimento para aquilo que se julgava já ter compreendido. Através de uma escrita muito pessoal, densa, enxuta e necessária, austera mas intensa nos seus nexos – por vezes contraditórios a ponto de exigir novos desenvolvimentos – Aldo Rossi queda-se distante no tempo e no espaço, clarividente, porque já sem "desejos". Os tempos verbais – passado, presente, condicional – combinam-se entre a "ordem" e uma "sábia desordem" onde se intui o *silêncio*, de que o tempo se alheia. No tempo, sem início nem fim, tudo nos parece imutado, porque se revelam resultados já esperados. Como quando, numa visita à Cova do Vapor e perante uma surpreendente e anónima casa, Aldo Rossi exclama: *Ma! Questa è una mia architettura!* Ao exprimir esta pertença, não importava a circunstância de lugar, tempo ou de autoria; manifestava a premonição do reencontro com o *desconhecido*.

19 de agosto de 2013

Prefácio. Missing Rossi
Vincent Scully

Nos anos decorridos desde a morte de Aldo Rossi pudemos compreender quanto ele era insubstituível. Uma ligação com qualquer coisa de sólido e duradouro foi cortada; não apenas com a linguagem clássica da arquitectura, também como uma coisa delicada e natural, mas acima de tudo com as antigas e vernáculas tradições por ele reconduzidas à vida e agora mais uma vez em desaparecimento. Com elas desaparece uma compreensão humana da cidade, que Rossi consistentemente restabeleceu e que agora novamente se dissolve nas bizarras visões do Dubai, e noutras do género, a desfazerem-se em pó antes de terminadas, enquanto a economia mundial colapsa debaixo delas, em parte sob o peso do seu frenético excesso. No ameaçador brilho de tais lugares, lembramo-nos de como era clara e até mesmo erudita a arquitectura de Rossi (a sua escrita também), de como era «alexandrina». Ela lembrava bibliotecas, civilização, serenas dissertações, ao mesmo tempo que manifestamente evocava, como o fez sempre o urbanismo tradicional italiano, as raízes rurais da sua civilização: a agricultura e as suas estruturas vernaculares de que Rossi muito especialmente gostava, juntamente com as forças rústicas do simples "pedreiro de Abruzzi", cuja linhagem reivindicava.

Assim, o trabalho de Rossi parecia estar dirigido para uma clareza modesta e para uma ordem racional, mas frequentemente era tocado por uma espécie de obscuridade. A sua gentileza era o fruto da melancolia. Era conciso, tentava não fazer demasiadas coisas, mas invariavelmente tocava sensibilidades arquetípicas e agitava profundamente as memórias.

Assim, os esbeltos pilares-lâmina do *Gallaratese* foram alongados em Módena até uma altura inimaginável, frágeis e vacilantes, carregando a morte. Em Rossi, estas visões tremendas são provocadas por tocantes momentos de jogo, como nas ordens informalmente clássicas do imensamente agradável pátio da sua *Mietskaserne* em Berlim, ou nas suas miragens de cafeteiras sobre a cidade. Poucas entre as formas de edifícios mais livremente elaboradas, que hoje o computador torna possível aos arquitectos, transmitem, sequer aproximadamente, tanto peso emocional e apelo empático, em parte por ter sido Rossi a desenhar as suas formas; que reflectem a vida nas suas mãos, a sua fragilidade humana, a alegria, o sofrimento e, por vezes, a incúria que o matou.

Na maioria das escolas de arquitectura americanas, Rossi parece hoje quase esquecido. O seu nome nunca foi mencionado por nenhum dos numerosos participantes num recente simpósio de crítica e de arquitectura contemporâneas em Yale. Mas é vivamente recordado na Universidade de Miami, onde a sua influência está ainda bastante viva, uma vez que uma visão para a cidade, que em parte deriva dele, tem um papel importante na formação do seu plano de estudos. A faculdade de arquitectura também recorda as várias propostas de Rossi, infelizmente nunca concretizadas. Uma delas propunha a reconstrução substancial da faculdade como um todo, colocando-a numa grandiosa plataforma e culminando no Teatro do Mundo, aqui servindo como biblioteca e flutuando (parecendo flutuar) no lago ali perto. Outra proposta era uma torre quadrada, isolada e castanha, erguendo-se como um campanário entre os edifícios existentes, em branco luminoso, e o lago, em azul brilhante. A última delas permaneceu apenas como conceito. Era para um auditório isolado. "Vou-vos construir um pequeno Panteão" dizia, mas a sua vida terminou antes que o pudesse desenhar.

Autobiografia científica

Autobiografia científica

Iniciei estas notas há mais de dez anos e procuro concluí-las agora para que se não transformem em memórias. A partir de certa altura da minha vida passei a considerar a profissão ou a arte como uma descrição das coisas e de nós próprios; é por isto que sempre admirei a *Comédia* de Dante, que tem início quando o poeta tem cerca de trinta anos. Aos trinta anos deve-se concluir ou iniciar alguma coisa de definitivo e fazer contas com a própria formação. Cada desenho ou escrito meu parecia-me ser definitivo, num duplo sentido: no sentido de que concluía a minha experiência e no sentido de que depois não teria mais nada a dizer.

Cada verão parecia-me ser o último e este sentido de fixação sem evolução pode explicar muitos dos meus projetos; mas para compreender a arquitectura ou a explicar devo novamente percorrer as coisas ou as impressões, descrever ou procurar um modo de descrever.

A referência mais importante é certamente a *Autobiografia Científica* de Max Planck. Nesse livro, Max Planck remonta às descobertas da física moderna, ao reencontrar a impressão que lhe causou o enunciado do princípio da conservação da energia; este princípio revelou-se, para ele, como sempre ligado à descrição do seu mestre de escola, o mestre Müller, descrição que ele define como a história do pedreiro que eleva com grande esforço um bloco de pedra até à cobertura de uma casa. Planck estava impressionado pelo facto de que, muitas vezes, o trabalho se não perde, permanece armazenado por muitos anos, jamais diminuído, latente no bloco de pedra, até que um dia pode acontecer que o bloco se desprenda e caia sobre a cabeça de um transeunte, matando-o. Pode parecer estranho que Planck e Dante associem a sua pesquisa científica e autobiográfica à morte; uma morte que é, de algum modo, uma conservação de energia. Na realidade, em cada artista ou técnico o princípio da conservação da energia mistura-se com a pesquisa da felicidade e da morte. Na arquitectura, esta pesquisa também está ligada ao material e à energia; sem esta observação não é possível compreender nenhuma construção nem do ponto de vista estático nem compositivo. O uso de qualquer material deve supor a construção de um lugar e a sua transformação.

O duplo sentido do tempo, atmosférico e cronológico, preside a qualquer construção; este duplo sentido da energia é o que, claramente, vejo agora na arquitectura, como poderei vê-lo noutras técnicas ou artes. No meu primeiro livro, *A arquitectura da cidade*, identificava este mesmo problema com a relação entre a forma e a função; a forma que presidia à construção e permanecia, num mundo onde as funções se modificavam continuamente e, na forma, modificava-se o material. O material de um sino transformava-se numa bola de canhão, a forma de um anfiteatro na de uma cidade, a de uma cidade num palácio. Escrito por volta dos trinta anos, este livro parecia-me definitivo e ainda hoje os seus enunciados não foram significativamente desenvolvidos. Seguidamente, pareceu-me claro que a obra devia ser enquadrada em motivações ainda mais complexas sobretudo através das analogias que intersectam qualquer acção nossa. Desde os meus primeiros projectos, em que me interessava pelo purismo, gostava de contaminações, pequenas modificações, comentos e repetições.

A minha educação inicial não foi figurativa e, por outro lado, ainda hoje penso que uma profissão valha tanto quanto outra desde que se tenha um objectivo bem preciso; poderia ter feito qualquer outra coisa e, efectivamente, o meu interesse pela arquitectura e a minha actividade como arquitecto iniciam-se bastante tarde.

Na realidade, creio que sempre tenha existido em mim uma atenção pelas formas e pelas coisas; mas sempre as olhei como momento último de um sistema complexo, de uma energia que era visível apenas nestes factos. Por isso, na infância, me impressionavam sobremaneira os Montes Sagrados; parecia realmente que a história sagrada estivesse totalmente sintetizada nas figuras de gesso, no gesto imóvel, na expressão de uma história parada no tempo, impossível de contar de outro modo.

Era a mesma atitude dos tratadistas relativamente aos mestres da idade média; a descrição e a observação das formas antigas permitiam uma continuidade que de outra forma era irrepetível, permitiam também uma transformação, sempre que a vida fosse fixada em formas precisas.

Maravilhava-me a obstinação de Alberti, em Rimini e em Mântua, ao repetir as formas e os espaços de Roma, como se não existisse uma história contemporânea; na realidade ele trabalhava cientificamente com o único material possível e disponível para um arquitecto. Estando, precisamente, em Sant'Andrea de Mântua, tive esta primeira impressão da relação do tempo, no duplo significado atmosférico e cronológico, com a arquitectura; via o nevoeiro entrar na basílica, como frequentemente gosto de o observar na galeria milanesa, como o elemento imprevisível que modifica e altera, como a luz e as sombras, como as pedras desgastadas e polidas pelos pés e pelas mãos de gerações de homens.
 Talvez apenas isto me interessasse na arquitectura; porque sabia que havia sido tornada possível por uma forma precisa que combatia o tempo a ponto de por ele ser destruída.
 A arquitectura era um dos modos para sobreviver que a humanidade havia procurado; era um modo para exprimir a sua fundamental procura da felicidade.
 Esta procura comove-me também nos achados arqueológicos, no material cerâmico, nos utensílios, nos fragmentos onde a pedra antiga se confunde com um osso e onde no osso se perdeu o desenho do esqueleto. É por isto que gosto dos museus de paleontologia e das reconstruções pacientes dos pedaços sem significado no significado da forma; um amor pelo fragmento e pela coisa que nos liga a objectos aparentemente insignificantes a que atribuímos a mesma importância que habitualmente se atribui à arte.

Basílica de Sant'Andrea, em Mântua. Leon Battista Alberti, projetada em 1470.

Tinha indubitavelmente um interesse pelos objectos, os instrumentos, os aparelhos, os utensílios. Estava na grande cozinha em S., a sul do lago de Como; e desenhava durante horas cafeteiras, panelas, garrafas. Em especial, gostava de cafeteiras esmaltadas, azuis, verdes, vermelhas, pelo seu volume bizarro; era uma transposição de arquitecturas fantásticas que haveria de encontrar mais tarde. Ainda hoje adoro desenhar estas grandes cafeteiras, que comparo a secções de tijolos e penso serem percorríveis no seu interior.

Este interior-exterior da arquitectura foi-me seguramente sugerido pelo San Carlone de Arona; uma obra que desenhei e estudei por diversas vezes e que agora me é difícil remeter para a educação figurativa da infância. Percebi depois que me agradava porque aqui os limites disciplinares da arquitectura, da máquina, do instrumento, se fundem numa maravilhosa invenção. Tal como na descrição do cavalo homérico, o peregrino entra no corpo do santo, como numa torre ou num carro governado por uma técnica sapiente. Subida a escada exterior do pedestal, a íngreme ascensão pelo interior do corpo revela a estrutura murária e as soldaduras das grossas chapas. Por fim, a cabeça é um interior-exterior; a partir dos olhos do santo, a paisagem do lago adquire contornos infinitos, como num observatório celeste.

Mas, certamente também pela sua dimensão, esta construção dá-me um estranho sentido de felicidade: a sua força é potencial. Se observarem uma locomotiva ou um carro armado parado, o efeito não é muito diferente.

Esta primeira impressão do sentido interior-exterior tornou-se-me clara em tempo mais recente, pelo menos como problema; se a remeto para as cafeteiras, essa impressão está, também aqui, ligada ao alimento e ao objecto onde se coze o alimento; o carácter de manufacto e de utensílio das panelas, que tantas vezes nos aborrece nos museus, é qualquer coisa que se repete continuamente.

Observava uma fotografia estranha: um vulto por detrás de uma grade de um castelo ou de um convento. Pela fotografia, é difícil perceber se nós olhamos com os olhos daquele que nos olha ou da parte oposta. Observando esta fotografia não me coloco tanto o problema, banal, de como isto seja, por assim dizer, exprimível com arquitectura, com o

cinema, ou por qualquer outra técnica, mas sobretudo dou-me conta de como a grade é o meio que torna possível o acontecimento; neste caso, o aparecimento do vulto do jovem. Por singular coincidência, após ter visto esta fotografia, visitei as celas das irmãs do Convento de las Pelayas em Santiago de Compostela e revivi o efeito da fotografia. A fachada das Pelayas é uma obra-prima da arquitectura do século XVII espanhol e, desde sempre, havia provocado em mim uma grande impressão, de tal forma que os amigos catalães, numa sua publicação, tinham-na assumido como imagem analógica do meu edifício no bairro Gallaratese em Milão.

Mas pude reparar, no interior das celas, numa luminosidade impressionante em contradição com o aspecto quase prisional da fachada externa. Até os gritos que chegam do exterior são percepcionados no interior com grande nitidez, como num teatro. Portanto, os olhos do jovem percepcionam a visão do exterior como se estivesse num teatro e assistisse a uma representação.

Com os instrumentos arquitetónicos, portanto, nós favorecemos um acontecimento, independentemente dele acontecer. E neste querer o acontecimento há qualquer coisa de progressivo. A isto voltarei mais adiante. Por isso a dimensão de uma mesa, ou de uma casa, é muito importante; não como pensavam os funcionalistas, para desempenhar uma determinada função mas para permitir mais funções.

Enfim, para permitir tudo o que na vida é imprevisível.

No meu interesse pelos objectos tenho de admitir que sempre me aconteceu confundir a própria coisa com a palavra; uma espécie de ignorância ou de preconceito ou também pelo suporte que tudo isto podia dar ao sentido de uma afirmação ou de um desenho. Por exemplo, o termo *aparelho* foi por mim sempre compreendido de modo, no mínimo, singular e está ligado à leitura, ainda muito jovem, da obra de Alfonso dei Liguori intitulada, precisamente, *Aparelho para morte* e, por fim, à sua posse. Este estranho livro, que ainda conservo, parecia-me ele próprio um aparelho até pelo seu formato bastante pequeno e muito alto; parecia-me até que se poderia não ler, porque bastava possuí-lo enquanto instrumento.

San Carlone em Arona.

Convento de Las Pelayas, Santiago de Compostela.

Mas a ligação entre o aparelho e a morte regressava até nas frases como aquelas, quotidianas, de preparar, de pôr a mesa.

A partir daqui, com o tempo, olhei para a arquitectura como o instrumento que permite o desenvolver de uma coisa. Devo dizer que esta consciência me deu, com os anos, maior interesse pela minha profissão e, nos meus últimos projectos, procuro somente erigir construções que, por assim dizer, favoreçam o acontecimento. Falarei, pois, de alguns destes projectos.

Poderei agora deles dizer que atingem um silêncio, um grau de silêncio não purista como o que procurava nos meus primeiros desenhos, em que me preocupava com as luzes, paredes, sombras, aberturas. Percebi que é impossível repetir a atmosfera. São melhores as coisas vividas e abandonadas; à partida, tudo deveria ser previsível e aquilo que não é previsível tanto mais nos fascina quanto está do outro lado.

Por fim, na educação da infância não posso esquecer o Monte Sagrado de S. e os outros Montes Sagrados que visitávamos na orla dos lagos. Foi sem dúvida o meu primeiro contacto com a arte figurativa e era, como sou, atraído pela fixação e pela natureza, pelo classicismo das arquitecturas e pelo naturalismo das pessoas e dos objectos. O êxtase que experimentava suscitava em mim formas de exaltada frieza, queria, também aqui, entrar para além da grade, colocar um objecto meu sobre a toalha usada na última ceia, sair da condição de quem passa; em cada meu projecto ou desenho creio existir a sombra deste naturalismo, que vai para além das bizarrias e das feridas destas construções. Quando vi em Nova Iorque a obra completa de Edward Hopper compreendi tudo isto na minha arquitectura; quadros como *Chair Car* ou *Four Lane Road* transportaram-me para a fixação daqueles milagres sem tempo, mesas postas para sempre, bebidas jamais consumidas, coisas que são apenas elas próprias.

Pensando nestas obras apercebo-me de que muito me interessam as coisas que estão para ser ditas e o mecanismo com que se poderiam dizer, embora sabendo que um outro mecanismo mais obscuro impede a concretização normal das operações necessárias para que qualquer coisa aconteça. Isto está ligado ao problema da liberdade; a liberdade tem também para mim uma tradução no ofício, não sei bem de que tipo de liberdade se trate mas sempre encontrei maneiras para a defender.

Os Montes Sagrados.

Esta liberdade está certamente ligada a muitos exemplos, mas por certo que, precisamente, escrevendo uma autobiografia dos meus projectos que se confunde com a história pessoal, não posso deixar de recordar o efeito que em mim produziu, quando era rapaz, *Henry Brulard*. Talvez por intermédio dos desenhos de Stendhal e esta estranha mescla entre autobiografia e plantas de casas se tenha manifestado em mim uma primeira apropriação da arquitectura; é este o primeiro contributo de uma noção que chega até este livro. Impressionavam-me os desenhos das plantas por parecerem uma variação gráfica do manuscrito e, precisamente, por duas coisas: a primeira, de como a grafia é uma técnica complexa entre a escrita e o desenho, e a isto voltarei ao falar de outras experiências, a segunda, de como as plantas prescindiam ou ignoravam o aspecto dimensional e formal.

Em alguns dos últimos projectos ou ideias de projectos procuro precisamente parar o acontecimento antes que ele se produza, como se o arquitecto pudesse prever, e de certa maneira prevê-o, o desenrolar da vida na casa. É difícil que os decoradores possam compreender tudo isto; estão ligados a coisas efémeras como o desenho do pormenor, a moldura, a coisas que na realidade são substituídas durante a vida da casa. Talvez estes desenhos de Stendhal me tenham conduzido mais tarde, precisamente, ao estudo dos tipos de habitação e do carácter fundador da tipologia. É pois singular que tenha começado a minha carreira académica como professor de «Caracteres distributivos dos edifícios», disciplina hoje suprimida e que me parecia, nesta trama dos percursos e das dimensões, o diagrama ou o esqueleto da arquitectura. O traçado tornava-se uma condição física como quando se percorre Ostia ou qualquer cidade onde estão indicados os traçados planimétricos; primeiro há uma subtil desilusão mas depois, lentamente, reconstrói-se a arquitectura porque ali estava uma porta, e uma sala, e uma passagem onde antes decorria a vida. Diz-se que em Sevilha, em tempos passados, quem mandava construir uma casa dizia ao arquitecto ou simplesmente ao pedreiro qual devia ser a dimensão do pátio e acrescentava depois que à sua volta queria os compartimentos que fosse possível obter. Também isto me parece ligado ao problema da liberdade e da imaginação, pois as coisas a fixar são poucas mas não se devem errar; elas são o sentido da construção.

Tudo isto não pretende dar qualquer segurança na educação; é importante, também, o modo como aprendemos. É certo que algumas coisas

A coluna do Filarete, Veneza.

são impensáveis se não forem relacionadas com a emoção de como as vivemos. Há factos extremamente importantes para mim, também do ponto de vista formal, que dificilmente consigo transmitir.

Uma manhã, quando seguia pelo Grande Canal, no *vaporetto*, alguém me apontou, de repente, a coluna do Filarete e o *vicolo del Duca* e as pobres casas construídas naquilo que deveria ser o ambicioso palácio do senhor milanês. Observo sempre esta coluna e o seu basamento, esta coluna que é um princípio e um fim.

Este processo ou destroço do tempo, na sua absoluta pureza formal, sempre me pareceu como que um símbolo da arquitectura devorada pela vida que a circunda. Reencontrei a coluna de Filarete, que observo sempre com atenção, nas escavações romanas de Budapeste, na transformação dos anfiteatros, mas sobretudo como um fragmento possível de milhentas outras construções. É provável que eu goste de fragmentos; tal como sempre pensei que seja uma situação positiva encontrar uma pessoa com quem se tenha rompido relações; é a confidência com um fragmento de nós próprios.

Mas a questão do fragmento em arquitectura é muito importante, já que, talvez, apenas as destruições exprimam completamente um facto. Fotografias de cidades durante a guerra, secções de apartamentos, brinquedos partidos. Delfos e Olímpia. Este poder usar pedaços de mecanismos cujo sentido geral em parte se perdeu sempre me interessou, até formalmente. Penso numa unidade, ou num sistema feito somente de fragmentos reconstruidos; talvez apenas um grande impulso popular nos possa dar o sentido de um desenho global. Ora, devemo-nos fixar em algumas coisas. Estou porém convencido de que aquela arquitectura geral, o projecto de conjunto, o esqueleto, seja por certo mais importante e, em última análise, mais belo. Mas acontece que obstáculos históricos em tudo semelhantes a bloqueios psicológicos impedem qualquer reconstrução. Por isso creio que não possa existir uma compensação séria e que a única coisa possível seja uma soma de lógica e biografia.

Prosseguindo estas notas autobiográficas deverei falar de alguns projectos que caracterizam momentos da minha vida; são projectos muito conhecidos de que sempre evitei falar directamente. O primeiro é o projecto para o cemitério de Módena e o segundo o projecto para uma Casa

Sinagoga, Pesaro.

do Estudante em Chieti. Creio que o primeiro, pelo seu próprio tema, exprime a liquidação da juventude e do interesse pela morte; o segundo, uma procura de felicidade como condição de maturidade. Em ambos os projectos não renunciei à forma litúrgica da arquitectura, no sentido de que se não deve dizer muito mais do que o estabelecido, mas os resultados são bastante distintos. O primeiro projecto está fortemente ligado a factos e à dedução da pesquisa sobre a forma osteológica dos fragmentos; o segundo, a uma condição de felicidade. É como o dia de Natal e em diferente medida cada domingo. A procura da felicidade identifica-se com um dia feliz, um dia de festa – até porque ao fixarem-se as coisas parece que a felicidade não possa ser negada.

Porém, compreendi muita coisa com estes dois projectos ao desenhar em 1975, entre um e outro, o Palácio da Razão em Trieste. Apercebi-me, simplesmente, de ter relatado – através da arquitectura e dos textos – aquelas manhãs em que lia os jornais no grande Lichthof da Universidade de Zurique, que se parece, ou eu confundo, com a cobertura piramidal da Kunsthaus; para mim, um lugar que me é muito querido. Ora, pelo interesse neste lugar, tinha pedido a Heinrich Helfenstein para, precisamente, fazer fotografias do grande Lichthof, que está sempre cheio de estudantes no piso térreo e nos pisos superiores; e que eu via como um bazar, repleto de vida, como um edifício público ou termal da antiguidade, aquilo que uma universidade deveria ser.

Heinrich Helfenstein fez belas fotografias do Lichthof mas, ao contrário da minha descrição daquele lugar, com a sua singular sensibilidade, não as fez num dia de festa.

Nestas fotografias, o pátio luminoso e as galerias superiores estão completamente vazios, o edifício não está habitado e é difícil compreender como possa ser habitado; na realidade, Helfenstein recusava-se a representar tanto a pureza como a vida do edifício. Havia captado a predisposição do edifício para ser vivido. Estas fotografias estão em suspenso relativamente à vida que o edifício poderia conter, e somente observando-o nesta interrupção pude ver claramente as palmeiras que estão no pátio envidraçado e associar tudo isto ao sentido de uma estufa, uma enorme Palmenhaus; relacionava a Universidade com o Invernadoiro de Barcelona, com os jardins de Sevilha e de Ferrara, onde sinto uma paz quase absoluta.

Lichthof, Universidade de Zurique.

Mas tratando-se de duas palmeiras, a fotografia recordava-me a fachada do Hotel Duas Palmeiras no Lago de Mergozzo, onde passo parte do meu tempo; a fachada do Hotel Duas Palmeiras constituía novamente um lugar sensível da arquitectura, independentemente de qualquer referência estilística e técnica.

O significado da operação era muito mais rico de quanto pensasse no início; o mesmo aconteceu quando desenhava uma mesa, *após* o projecto do cemitério de Módena. Esta mesa destinava-se a uma exposição e, ao desenhá-la, apercebíamo-nos de que se abandonava o percurso inicial para seguir uma espécie de labirinto forçado. Na realidade, este labirinto divertia-nos porque nele encontrávamos o jogo do ganso, pensando estar-se a fazer um jogo para crianças. Mas como não recordar que, precisamente em criança, o elemento estranho deste jogo era representado pela casa da morte e que, por isso, o conteúdo era qualquer coisa de automático no projectar? O próprio projecto torna-se o objecto reencontrado; ao redesenhar todos os projectos, tornam-se objectos de afecto.

Duas diferentes maquetas do monumento de Segrate são dois objectos distintos e faz parte do afecto chamar ao mais pequeno, como fazemos no *atelier*, o «segratezinho»; isto indica uma especial individualidade daquela maqueta que também está, mas não apenas, ligada à dimensão e à matéria.

Em meados de 1971, em Abril, na estrada para Istambul, entre Belgrado e Zagreb tive um grave acidente de automóvel. Talvez daquele acidente, como já disse, tenha nascido, no pequeno hospital de Slavonski Brod, o projecto para o cemitério de Módena e simultaneamente terminava a minha juventude. Estava num pequeno quarto no rés-do-chão junto a uma janela donde via o céu e um pequeno jardim. Estando quase imobilizado, pensava no passado mas ao mesmo tempo não pensava; observava a árvore e o céu. Esta presença das coisas e o alhear-me delas – ligada também à dor e à manifesta presença dos ossos – remetia-me para a infância. No verão seguinte, ao estudar este projecto, talvez me tivesse ficado apenas esta imaginação e a dor dos ossos; via a conformação osteológica do corpo como uma série de fracturas por reconstituir. Em Slavonski havia identificado a morte com a morfologia do esqueleto e com as alterações a que este pode estar sujeito. Compreendo que seja parcial identificar a morte com uma espécie de fractura.

Acabado este projecto, no mês de Novembro, regressei a Istambul de automóvel; estas duas viagens são como a continuação do mesmo projecto e frequentemente confundo lugares. Trata-se de uma viagem interrompida. O sítio mais importante creio que seja a Mesquita Verde de Bursa, onde novamente senti uma grande paixão pela arquitectura; paixão que é raro sentir. Na Mesquita de Bursa senti de novo uma emoção que não tinha desde a infância; o de ser invisível, de estar, em certo sentido, do outro lado do espectáculo. Por não a poder viver totalmente sempre pensei que a arte, excepto o teatro, jamais é uma experiência que satisfaça; nalguns desenhos posteriores do projecto do cemitério creio que aflorem alguns destes motivos do mundo turco. Até porque o problema principal se tinha, por assim dizer, dissolvido no próprio projecto. À forma osteológica, a que me referi noutros textos, juntava-se o sentido da deposição.

A deposição não é um tema típico da arquitectura e todavia no período de Slavonski propunha-me representar uma forma deposta; a arquitectura deposta, para mim, só parcialmente era antropomórfica. A deposição na pintura, como em Rosso Fiorentino ou em Antonello del Prado, estuda as possibilidades mecânicas do corpo e sempre pensei que ela, através desta anormal posição que um corpo morto adquire no transporte, acaba por nos comunicar um *pathos* peculiar. Estas posições podem estar relacionadas com as do amor mas não acontecem por um movimento interno e além disso apresentam tudo aquilo que no corpo há de objecto. E este ser objecto é particularmente penoso e doloroso para o espectador, o qual não pode remeter a deposição senão para a doença, mais que à morte. Por outro lado, a deposição aceita um sistema, um edifício, um corpo, querendo-lhe ao mesmo tempo fragmentar o quadro de referência, isto é, constrangendo-nos a um diferente significado, certamente mais inquietante na sua inverosimilhança.

Donde, sobreposições, movimentos, sedimentações de objectos, identificações de matérias diferentes. Há exemplos, como no Convento de Santa Clara em Santiago de Compostela, que podem conferir valor a esta tese.

Casas num canal, Milão.

Mas a esta primeira análise do projecto, lançado no mundo lombardo, juntavam-se, como um mal-estar, as recordações literárias e figurativas da esquerda manzoniana, do romantismo dos excluídos. Antigos pátios e edifícios milaneses, espaços públicos, instituições de caridade quase aviltantes como na Milão de Valera. Sempre me impressionaram os quadros de Angelo Morbelli, *Il Natale dei rimasti* [*O Natal dos que ficaram*], *Pio Albergo Trivulzio* [*Albergue de Caridade Trivulzio*]; observava-os fascinado sem saber como os julgar. Agora, serviam-me como meios plásticos e figurativos para este projecto. O estudo das luzes, os grandes feixes de luz sobre os bancos dos velhos, as sombras exactas das formas geométricas dos bancos e da estufa, parecem tirados de um manual de teoria das sombras. Uma luminosidade difusa enche o salão onde as figuras se perdem como numa praça. Levar o naturalismo às suas consequências conduz a esta metafísica dos objectos; coisas, corpos de velhos, um ambiente frio, tudo é oferecido numa observação que parece longínqua. Mas esta distanciação sem comoção é o próprio ar de morte do albergue de caridade. No projecto de Módena pensava sempre neste hospício; e a luz que entra no cubo, que, no corte, define faixas rigorosas, é a luz destes envidraçados.

A construção era, afinal, uma construção abandonada onde a vida pára, o trabalho está suspenso, a própria instituição torna-se incerta. Recordo-me como este projecto sofreu ataques ferozes, que não compreendia; eram ataques que se dirigiam também a toda a minha actividade de arquitecto.

Mas o que mais me atingia era os críticos reduzirem o projecto a uma espécie de experiência neoiluminista; creio que o fizessem porque havia traduzido a obra de Boullée e não por qualquer intenção crítica. De facto, agora que a vejo erguer-se, encontro nesta grande casa dos mortos um vivo sentido de piedade; tal como no túmulo romano do padeiro. Esta casa dos mortos, que se constrói ao próprio ritmo da mortalidade da cidade, tem portanto um tempo que está ligado à vida como, no fundo, todas as construções.

A sua forma reaparece, com ligeiras variações, em muitos dos meus desenhos, como alterações que a construção sofreu; o lema do concurso era «o azul do céu» e agora vejo que estes grandes tectos azuis em chapa, tão sensíveis à mutação da luz do dia, da tarde, das estações, ora parecem

Casas no delta do rio Pó.

de um azul profundo ora de um claríssimo azul celeste. As paredes rosa conjugam-se com o tijolo emiliano do antigo cemitério e até elas reflectem luzes que podem aparecer como quase brancas ou como rosa escuro.

Ainda em projecto e já o cemitério pertencia aos espessos nevoeiros do rio Pó, às casas desertas nos seus taludes, abandonadas há anos, após as grandes inundações; nestas casas ainda se pode encontrar uma pequena taça quebrada, a cama de ferro, o vidro partido, a fotografia amarelecida e a humidade, os sinais do extermínio pelo rio.

Povoações onde o rio aparece com a continuidade da morte, deixando só marcas, sinais, fragmentos; mas são fragmentos afectuosos.

Existe em Lisboa um cemitério que se chama «cemitério dos prazeres»; na América existem cemitérios grandes como parques ou como subúrbios. Existem hábitos e formas diferentes para os lugares da morte tal como para os da vida; mas muitas vezes apreendemos apenas o limite entre as duas situações.

Se tivesse de refazer este projecto talvez o fizesse igual, talvez refizesse igual cada um dos meus projetos; mas também é verdade que tudo aquilo que sucedeu já é história e é difícil pensar que as coisas pudessem acontecer de outro modo.

Com este projecto alargava a minha meditação sobre a arquitectura e a pouco e pouco parecia-me compreender melhor uma época mais longínqua, de reencontrar no desenho, na narrativa, no romance, os fios que unem a análise à expressão.

Por volta de 1960, escrevi *A arquitectura da cidade* – um livro afortunado. Então, não tinha ainda sequer trinta anos e queria escrever um livro definitivo; parecia-me que tudo, uma vez esclarecido, seria definitivo. O tratado renascentista devia tornar-se um dispositivo que se vertia nas coisas. Desprezava as recordações e simultaneamente valia-me das impressões urbanas, procurava por detrás dos sentimentos leis imutáveis de uma tipologia sem tempo. Os claustros e pátios, as galerias, a morfologia urbana dispunham-se na cidade com a pureza da mineralogia. Lia os livros de geografia urbana, de topografia, de história urbana como um general que quisesse conhecer todos os possíveis teatros de guerra: as colinas, as portelas, os bosques. Percorria as cidades da Europa a pé para lhes compreender o desenho e classificá-las num tipo; como um amor vivido com egoísmo, frequentemente o ignorava nos sentimentos secretos; bastava-me o sistema que as organizava. Talvez quisesse, simplesmente, desfazer-me da cidade. Na realidade descobria a minha arquitectura: um emaranhado de pátios, de casas de periferia, de tectos, de gasómetros, eram a primeira exploração de uma Milão que me parecia fantástica. O mundo burguês das *villas* no lago, os corredores do colégio, as grandes cozinhas de campo, eram recordações de uma paisagem manzoniana que se desfazia na cidade. Mas esta insistência nas coisas revelava-me um ofício.

Este, procurava-o na história, traduzia-o na minha história; assim, a tipologia, a segurança funcional estendiam-se ou volviam ao mundo dos objectos; a casa em Borgo Ticino ia ao encontro das cabanas dos pescadores, do mundo do lago e do rio, uma tipologia sem história. Vi as mesmas casas no centro de Portugal, em Galveston no Texas, na costa do golfo do México. Parece-me agora suficiente fixar os objectos, compreendê-los, repropô-los; o racionalismo é tão necessário quanto a ordem, mas qualquer ordem pode ser perturbada por factos externos, de origem histórica, geológica, psicológica.

O tempo da arquitectura não estava já na sua dupla natureza de luz e sombra ou de envelhecimento das coisas, mas propunha-se como um tempo desastroso que retoma as coisas.

Tudo isto me conduziu ao conceito de identidade. E da perda da identidade. A identidade é qualquer coisa de singular, de típico, mas também é uma escolha.

Nos meus desenhos *A arquitectura assassinada* e *As cabinas de Elba* procurei exprimir estas relações; e noutros desenhos, também.

Revalorizava as cabinas, as pequenas construções de madeira, as suas variantes: do mundo do Sul, do Mediterrâneo ao Pacífico.

No meu trabalho para o Corral del Conde reencontrei em Sevilha todas estas sugestões.

Sevilha vive as suas duas ou mais almas: na Semana Santa e na Feira. Talvez sejam as maiores arquitecturas que conheci.

Falei das cidades da Andaluzia em *A Arquitectura da cidade*; construções como o Alhambra de Granada e a Mesquita de Córdova eram o paradigma de uma arquitectura que se transformava no tempo, que possuía espaços imensos e delicadeza nas soluções, que constituía a cidade. Mas agora sei que estas impressões se reflectiram na minha arquitectura

Um pátio em Sevilha.

e que as ligações analógicas, as associações entre coisas e situações, se multiplicaram durante a minha permanência na Andaluzia de tal modo que agora, misturando autobiografia e história social, emergem imagens da estrutura da casa sevilhana. Sempre gostei e representei a tipologia do *corral*; o pátio era a forma de vida das casas da velha Milão, constitui a forma da casa de quinta, remonta à *villa* agrícola no império romano que se fecha como uma pequena cidade no final da *pax romana*. Via-a nas velhas casas de Milão, juntamente com a galeria que, aliás, está fortemente ligada ao pátio, como uma forma de vida feita de intimidade sofrida, de ligações, de impaciências. Na minha infância burguesa sentia-me excluído destas casas e entrava nos pátios com curiosidade e temor. Mais tarde, o interesse científico pela investigação afastava a coisa mais importante que fica: a imaginação de que as relações são feitas. Esta imaginação aumentava nos *corrales* de Sevilha: nos maiores e mais antigos, nos de forma comprida e estreita, com escadas e terraços que se cruzam, nas colunas de ferro fundido, de cor verde, do início do século XX, construções para a vida de um proletariado urbano ainda fértil em imaginação.

É verdade que por detrás de muitas destas construções vemos os sinais da antiga miséria que queremos inverter; mas devemos colher também as imagens mais fortes que farão a história da cidade nova.

Para mim, o projecto de arquitectura, agora, identifica-se com estas coisas; há uma rua em Sevilha feita de galerias sobrepostas, pontes aéreas, escadas, de barulho e de silêncio que em cada desenho me parece estar a repetir. Aqui, a pesquisa cessou; o objecto é a arquitectura reencontrada.

Esta arquitectura reencontrada faz parte da nossa história social; a invenção gratuita é recusada, forma e função estão agora identificadas no objecto; o objecto, faça parte do campo ou da cidade, é uma relação de coisas; não existe uma pureza do desenho que não seja a recomposição de tudo isto e o artista, no final, pode escrever como Walter Benjamin «porém, eu sou deformado pelas conexões, com tudo aquilo que aqui me rodeia».

O emergir das relações entre as coisas, mais do que as próprias coisas, coloca sempre significados novos.

Em Córdova, Juan Serrano ofereceu-me um livro fantástico que me foi precioso para a arquitectura, não para a arquitectura de Córdova ou da Andaluzia mas para eu compreender a estrutura da cidade. O livro chama-se *Paseos por Córdoba* e creio não ser muito conhecido; defini este livro como «fantástico» e não por acaso. Nele, a realidade topográfica, a tipologia das habitações, a própria cronologia alteram-se continuamente com a afeição, o episódio, a surpresa, de modo a nos dar um tempo diferente daquele que conhecemos. Neste grande livro, com uma escrita muito densa, a cidade é analisada, ou melhor, pesquisada nas suas dimensões mais imprevisíveis, dimensões que frequentemente o autor procura reportar ao nexo urbano como que a desculpar-se do aspecto demasiado peculiar da sua pesquisa; «Dispensen nuestros lectores si de una palabra tan usual como el título di una calle, hemos hecho digressiones que tal vez non conducían al objecto de la obra». Mas o objecto da obra constrói-se, precisamente, nas relações internas e por fim a cidade reencontrada identifica-se com a autonomia do investigador.

Queria apenas pôr em evidência que a construção, a arquitectura, é como que o elemento primário no qual se insere a vida. Este conceito que reaparece nas minhas conferências tornou-se-me claro sobretudo nalguns «factos urbanos» de Sevilha: o enorme acampamento da Feira, rigidamente disposto como uma cidade romana, os lotes divididos com a dimensão mínima dos pavilhões, as grandes portas triunfais, são o débil esqueleto, mas tão perfeito nas conexões, do corpo inquietante e convulsivo destinado à vida breve e intensa de mais uma Feira.

Não conheço a Semana Santa de Sevilha, mas aqui vejo também as estátuas e os carros, as Virgens e os Cristos, nas igrejas e nos museus, como instrumentos arquitectónicos de uma acção ensaiada sim, mas imprevisível.

Sempre acreditei que, na vida como na arquitectura, se procurávamos uma coisa não a procurávamos apenas a ela; por isso, existe sempre em cada pesquisa um grau de imprevisibilidade, bem como um sentido de enfado ao terminar.

Assim, o arquitecto deve preparar os instrumentos com a modéstia de um técnico; instrumentos de uma acção que apenas pode entrever, imaginar, mas sabendo também que o instrumento pode evocar e sugerir a acção. Gosto muito, em particular, dos teatros vazios, com poucas luzes acesas; no máximo, as provas de cenas em que as vozes repetem a mesma

Ponte sobre o rio Mincio.

deixa, a interrompem, a retomam, quedando-se aquém da acção. Nos projectos, também a repetição, a colagem, a deslocação de um elemento desta para aquela composição nos coloca perante um outro projecto que quereremos fazer mas que também é memória de uma outra coisa.

Por isso as cidades, embora durem séculos, são na realidade grandes acampamentos de vivos e de mortos onde ficam alguns elementos como sinais, símbolos, advertências. Quando a Feira acaba, os restos da arquitectura são farrapos e a areia come novamente a rua. Não resta senão voltar de novo, com obstinação, a reconstruir elementos e instrumentos, aguardando uma próxima festa.

Quando, de um terraço sobre o Mincio, observava as ruínas de uma ponte visconteia, mantidas com passadeiras de ferro e traves de reforço, vi com toda a clareza a construção e as analogias formais e técnicas da arquitectura. Esta arquitectura análoga voltava a ser natureza; era como uma revelação talvez antes apenas pressentida. A disposição do tijolo na parede desmoronada, a secção da ruína revelada pelo tempo, o ferro na forma de trave, a água do canal, tudo isto constituía esta obra.

O projecto era apenas o pretexto para um envolvimento mais geral; não saberei explicar hoje muitas imitações da minha obra se não por esta simples e adquirida capacidade de ver.

Os objectos já não utilizáveis ficaram parados no último gesto conhecido; no processo analógico, as casas abandonadas quase adquiriram o ponto de referência e simultaneamente de conclusão deste hipotético projecto, que já não me é possível concluir de outro modo. Não nos é possível fazer mais; para modificar a miséria da cultura moderna é necessário um grande apoio popular; a miséria da arquitectura é a expressão de tudo isto.

Tal como na observação de uma ruína, também na cidade se esfumam e confundem as silhuetas das coisas. No silêncio excessivo de uma cidade no verão captava a deformação, não apenas nossa, mas dos objectos e das coisas. Talvez existisse um certo atordoamento ao olhar as coisas; quanto mais definidas mais obscuras ficavam. Assim se poderia intentar este projecto: uma casa, por exemplo.

Intentar um projecto, um romance ou um filme que se passasse nesta casa, com um pátio calcetado e depois a entrada para um outro pequeno pátio separado do jardim por uma cancela; e para lá do jardim ou no jardim, outras casas ou um hospital. Seja uma casa de dois pisos, com níveis intermédios. Ou poderia ser de um piso sobre o jardim tendo por detrás construções em tijolo. Seguramente, esta indiferença à forma identificava-se com uma espécie de mal-estar devido à situação.

Admitia que a desordem das coisas, se limitada e em certa medida honesta, satisfizesse mais o nosso estado de espírito.

Mas detestava a desordem apressada que se exprime como indiferença pela ordem, uma espécie de obtusidade moral, de bem-estar satisfeito, de esquecimento.

A que coisa poderia aspirar no meu ofício?

Certamente a poucas coisas, visto que as grandes coisas estavam já historicamente impedidas.

Talvez a observação das coisas tenha sido a minha mais importante educação formal; depois, a observação transformou-se numa memória destas coisas. Agora, parece-me vê-las a todas como se fossem instrumentos numa fila perfeita; alinhadas como num herbário, numa listagem, num dicionário. Mas esta listagem entre imaginação e memória não é neutra, ela regressa sempre a alguns objectos e, nestes, participa também na sua deformação ou, de algum modo, na sua evolução.

Creio que seja difícil à crítica, a partir de fora, compreender tudo isto.

A crítica deveria escrever livros como o do poeta americano Charles Olsen sobre Melville; é um dos mais belos livros que conheço e explica não apenas Melville mas qualquer um que se proponha fazer alguma coisa. Claro, o caso de Melville fascina-me porque sempre me explicou a relação entre a observação e a memória; também, se quiserem, entre a análise e a criatividade.

Precisamente neste livro, *Call me Ishmael*, na página 93 Olsen escreve coisas muito importantes que prefiro transcrever integralmente, apesar de no meu livro querer reduzir as citações ao mínimo:

«In the *Journal Up the Straits*, the story of Melville's return starts after Cape Finisterre is passed, off Cape Vincent. The entry for that day is a dumb show of what is to follow. The contraries of the man who now turns to the East for some resolution of them lie in these natural sentences, as outward as gestures:

"Two Lights, Cape Elizabeth, Maine, 1971.

Sunday, Nov. 23, 1856
"Sunday 23d. Passed within a third of a mile of Cape St. Vincent. Light house & monastery on bold cliff. Cross. Cave underneath light house. The whole Atlantic breaks hear. Lovely afternoon: Great procession of ships bound for Crimea must have been descried from this point".
Melville had started a ghost: What he sees on the cliff is, quick, his life: HEIGHT and CAVE, with the CROSS between. And his books are made up of these things: light house, monastery, Cross, cave, the Atlantic, an afternoon, the Crimea: truth, celibacy, Christ, the great dark, space of ocean, the senses, man's past».

A enumeração das coisas vistas identifica-se com a sua vida e os seus escritos; só que ele repara apenas nas coisas que sempre viu e sempre viveu. Até mesmo a pesquisa do imprevisto se conjuga ou reconjuga com alguma forma real.

Poderei interrogar-me que coisa significa o real em arquitectura. Por exemplo, um facto dimensional, funcional, estilístico, tecnológico; poderei escrever um tratado.

Mas penso sobretudo neste *lighthouse*, numa recordação, num verão.

Como definir a dimensão e que dimensão? Neste verão de 1977, estava na Taberna da Via Madalena quando no decorrer de uma conversa pouco compreensível apanhei uma definição arquitectónica. Transcrevi-a: «Havia um precipício de dez metros no ponto mais alto do quarto». Ignoro a que contexto se referisse esta frase mas acho que uma nova dimensão se tinha criado; é possível viver em quartos com um precipício? É possível que um projecto deste tipo seja representável para além da memória e da experiência?

É inútil que eu declare ter tentado, em vão, desenhar este projecto ou este quarto; poderei fazê-lo, mas sempre se deterá perante um vazio que não se pode representar.

Sob muitos aspectos este vazio é a felicidade e a sua ausência.

Disse que o projecto de Chieti se baseava na felicidade; de uma forma geral, após a liquidação da morte com o projecto de Módena, procurava uma representação formal da felicidade.

Agora, é-me claro que não existe um momento de completa felicidade que não contenha em si uma forma de idiotice, de estupidez autêntica ou redescoberta. Como o jogo do olhar-se nos olhos para ver quem ri primeiro.

Mas acontecia que, como felicidade, pensava em praias, sobrepondo o Adriático com Versiglia, a Normandia com o Texas: são lugares que conheço por fragmentos mas que sempre procurei como contraponto ao mundo dos lagos, que talvez não seja exactamente a felicidade.

O mar parecia-me uma concreção, a capacidade de construir uma forma geométrica e misteriosa, feita de todas as recordações e expectativas. Talvez, precisamente, um verso de Alceu me tivesse conduzido à arquitectura: «ó concha do mar/filha da pedra e da branca espuma do mar/tu maravilhas o espírito das crianças». A citação é mais ou menos esta e contém os problemas da forma, da matéria, da fantasia, isto é, da maravilha. Sempre pensei que reduzir a origem dos materiais a um sentido positivista constituía uma alteração quer da matéria, quer da forma.

Tomei consciência disto no projecto de Chieti e no desenho muito publicado, que poderei considerar famoso, *As cabinas de Elba*.

As cabinas eram uma arquitectura perfeita, além de que se alinhavam ao longo da praia e das ruas brancas em manhãs sem tempo e sempre iguais.

Posso admitir que elas representem aqui um aspecto particular da forma e da felicidade: a juventude.

Mas esta questão não é essencial ainda que ligada aos amores das épocas balneares.

Pensando talvez na estupidez, no verde das persianas, no sol, regresso mais atrás até ao Hotel Sirena, perto da estrada nacional abaixo de Sirmione, no lago de Garda.

O Hotel Sirena é fundamental na minha arquitectura a ponto de alguém o poder pensar como uma minha invenção, um projecto meu; poderei acrescentar que, pela sua tipologia em pátio, ele também é um aspecto da minha análise sobre os edifícios.

Na realidade, não foi o seu aspecto tipológico que influenciou a minha obra mas, seguramente, do ponto de vista do maravilhoso, a sua cor. O Hotel Sirena estava totalmente pintado de verde, com um tipo de reboco rústico que se usava por volta de 1940, com que também os meus avós tinham mandado pintar a casa. A mistura deste verde, ácido e

Construções balneares, Versilia.

exacerbado, com as formas da vila pequeno-burguesa, não destituída de subtilezas românticas, oferecia uma versão do surrealismo entre o fascista e o idiota. Devo dizer que possuía elementos feitos à mão que, como elementos destacados na cor verde, estão ligados ao nome Sereia.

Ora, sem ultrapassar os limites científicos deste texto, devo admitir que a principal associação entre o hotel e o verde era representada, em contraposição, por uma rapariga que se chamava Rosanna, ou Rossana que fosse. A impressão da pintura e das cores contrapostas nunca mais se despegou de mim; a sensação entre o verde ácido e este rosa *rosanna*, entre a carne e uma flor vagamente invulgar, que se encerrava na imagem da Sereia.

Sim, é verdade que toda a arquitectura é também uma arquitectura de interior, ou melhor, do interior; as persianas que filtram a luz do sol ou a linha de água constituem, pelo interior, uma outra fachada, juntamente com a cor e a forma dos corpos que por detrás da persiana vivem, dormem, se amam. Estes corpos também têm uma sua cor e, por assim dizer, uma sua luz própria e uma outra, reflexa; esta luz é como uma espécie de prostração física ou cansaço do verão e é um branco que encandeia, nos tons de inverno.

Isto reaparece no desenho das cabinas, estas pequenas casas inocentes; a inocência do despir-se repetindo gestos antigos, a roupa molhada, certos jogos, a tepidez ácida de sal do mar. Vi grandes cabinas, casas deste tipo no norte de Portugal, os Palheiros de Mira, com o coberto para os barcos, a madeira clara acinzentada dos barcos em terra. Esta madeira do barco e da casa tem uma cor cinzenta cadavérica, que todos conhecem; como corpos abandonados pelo mar durante anos, séculos, numa qualquer praia. As fabulosas ilustrações dos esqueletos dos piratas, rodeados pelos seus tesouros, pedras e esmeraldas que o tempo não consegue desgastar, num emaranhado de histórias desconhecidas.

Existe a tradução arquitectónica de tudo isto nalguns fragmentos dos maneiristas da renascença, no templo de Alberti, nas fábricas e nos mercados do final do século, nas pequenas capelas encostadas às igrejas e seguramente nos confessionários. Os confessionários são pequenas casas no interior da arquitectura e mostram-nos como a sé ou a catedral da cidade antiga era uma parte coberta da cidade.

Mercados, catedrais, edifícios públicos explicam uma história mais complexa da cidade e do homem. As bancas de venda nos mercados ou

Casas em Mira, Norte de Portugal, 1976.

os confessionários e as capelas no interior das catedrais mostram-nos esta relação entre singular e universal, dando-nos a relação entre o interior e o exterior da arquitectura.

Os mercados tiveram sempre, para mim, um especial fascínio ligado, apenas parcialmente, à arquitectura; sobretudo os mercados franceses, os de Barcelona, ou ainda o mercado de Rialto, em Veneza. São os exemplos que recordo; impressiona-me a quantidade de alimentos expostos. Carne, fruta, peixe, verduras que se repetem nas várias bancadas ou lugares em que se divide o mercado, e especialmente o peixe que tem formas e apresentações variadas, fantásticas, até agora, neste nosso mundo. Talvez esta arquitectura de rua e das coisas, das pessoas e dos alimentos, da vida corrente, tenha sido para sempre definida no mercado Vucciria em Palermo. Mas isto leva-me sempre para outras questões de Palermo, ou de Sevilha, ainda que estas cidades sejam muito diferentes.

De qualquer modo, ao pensar nos mercados estabeleço sempre um paralelismo com o teatro e em particular com o teatro setecentista na relação dos palcos, enquanto lugares isolados, com o espaço global do teatro. Em todas as minhas arquiteturas sempre me fascinou o teatro, embora apenas tenha feito dois projetos para teatros: em jovem, o projeto do Teatro Paganini, na Praça Pilotta, em Parma, e em 1979 o projeto para o Teatrinho Científico.

Este último projeto é-me particularmente caro, é um projeto de afeição.

Sempre pensei que o termo teatrinho era mais complexo do que o termo teatro; isto não se refere apenas à dimensão, mas ao carácter de privado, de singular, de repetitivo daquilo que, no teatro, é fingimento. Houve quem pensasse que o termo teatrinho fosse uma expressão irónica ou infantil.

Teatrinho em vez de teatro não é tanto o irónico ou o infantil, ainda que a ironia e a infância estejam fortemente ligadas ao teatro, mas sim um carácter singular e quase secreto que acentua o teatral. A definição de científico provém de múltiplos motivos; é certamente um misto, entre o Teatro anatómico de Pádua, o Teatro científico de Mântua e o uso científico da memória dos teatrinhos a que Goethe dedicou os anos da juventude.

Também eram estruturas simples, provisórias: o tempo de um breve amor de verão, de uma estação febril e incerta; o teatro provisório, destruído pelo Outono, que Tchekhov sapientemente projetou entre uma gaivota morta e um disparo de pistola. Era precisamente um teatrinho onde os acontecimentos se desenvolviam por dentro da vida mas onde o acontecimento teatral, estival, de tempo de férias, marcava a vida.

Estes lugares ou teatrinhos eram fragmentos e ocasiões; talvez não previssem outros acontecimentos e nenhuma comédia tinha continuidade. Nesta obra, uma relação quase forçada preside, também, ao projecto. Transcrevo uma quantidade de citações, memórias, obsessões que povoam o Teatrinho, mas como posso não citar aquele que é quase o autor deste projecto, nas poucas linhas que Raymond Roussel escreveu para o Teatro dos Incomparáveis?

«À minha direita, frente ao centro do alinhamento de árvores, erguia-se, semelhante a um gigantesco teatro de fantoches, um teatro vermelho, em cujo frontão, dispostas em três linhas, sobressaíam em letras prateadas as palavras "Club dos Incomparáveis"; distribuindo-se em todas as direcções, como em redor de um sol, grandes raios dourados faziam uma coroa. A boca de cena estava aberta e na cena viam-se uma mesa e uma cadeira, como que à espera de um conferencista. No fundo da cena estavam pendurados vários retratos sem moldura, acompanhados por uma legenda explicativa, assim composta: "Eleitores de Brandeburgo"».

Trata-se de um projecto completo. O autor também nos adverte de que a abertura do teatro se faz às quatro de um 25 de Junho e, não obstante o sol se tivesse já posto, o calor era opressivo, dado o ambiente de temporal. Além disso o teatro estava rodeado por uma capital imponente constituída por um sem número de cabanas.

O projeto está definido pela hora e pelo lugar: pelas quatro, numa imponente capital. Esta imponência é dada por simples cabanas que, porém, são em grande número.

Na fachada do Teatrinho há também um relógio; onde a hora não marca o tempo. Está parada nas cinco; as cinco podem ser por volta das quatro ou até as mitológicas cinco horas de Ignacio Sánchez Mejias. Também às cinco de Sevilha, na época da Feira, o relógio da arena não marca o tempo.

Claro que o tempo do teatro não coincide com o tempo medido pelos relógios; também os sentimentos não têm tempo e a cada noite repetem-se no palco com impressionante pontualidade.

Mas a acção nunca será alheia ao clima do teatro ou teatrinho; e tudo isto está resumido em poucas tábuas de madeira, um palco, luzes improvisadas e imprevistas, gente. A magia do teatro.

Nos projectos mais recentes seguia estas infindáveis analogias: as casas-cabana da casa dos estudantes de Chieti, os desenhos das cabinas de Elba, as palmeiras e as casas de Sevilha eram as peças de um sistema que se devia compor no interior do Teatrinho científico. Tornava-se um laboratório onde o resultado da mais lúcida experiência era sempre inesperado; nada pode ser mais imprevisto que um mecanismo repetitivo. E nenhum mecanismo parece mais repetitivo que as questões tipológicas da casa, dos edifícios públicos, do teatro.

É claro que o construtor repercorria outros teatros, outras dimensões, quando isso abarcava e continha toda a cidade; e eram construções de pedra que acompanhavam a topografia do terreno construindo uma nova geografia.

Mas depois tudo isto se perdeu.

E talvez melhor que qualquer tentativa de recuperação, a partir da antiga Roma, é a invenção do teatro como lugar delimitado, os eixos do palco, cenografias que já não querem imitar nada, as poltronas, os palcos, a vertigem do fingimento, acções e personagens que, na contínua repetição, quase se desprendem da inteligência e do corpo; um mundo que aos primeiros acordos da orquestra se impõe como a magia do teatro.

Estes primeiros acordes são sempre um início e possuem toda a magia do início; compreendia tudo isto ao olhar para os teatros vazios, como construções abandonadas para sempre, ainda que o seu abandono, muitas vezes, seja mais breve que a luz do dia; mas este breve abandono está de tal modo carregado de memória que constrói o teatro.

Construir o teatro; encontrava os exemplos históricos nas terras do rio Pó e confundiam-se, sobrepunham-se, tal como a música da ópera lírica nas festas das cidades de Parma, Pádua, Pavia, Piacenza, Reggio Emilia e ainda Veneza, Milão e todas as capitais padanas onde o teatro acende as suas luzes no nevoeiro persistente. O mesmo nevoeiro que penetra, como o efeito de uma máquina teatral, na galeria de Milão. E no meio do nevoeiro, como uma habitação singular, estava colocado o teatro; claro que o teatro, como forma de viver, era uma habitação. Reencontrava o teatro, na sua essência, noutras habitações longínquas. No interior do

O Teatro anatómico, Pádua, 1594.

Brasil, nas pequenas cidades, o teatro distingue-se apenas pela evidência do tímpano, por ligeiras e específicas subtilezas na fachada; encontra-se nas catedrais onde o retábulo é como uma cena fixa em volta da qual se encontram ou abrem palcos.

Detenho-me nestes lugares procurando entender as possibilidades da arquitectura; medindo os espaços, registando as soluções distributivas do átrio, das escadas, dos palcos que, na repetição, se modificam dilatando e contraindo os percursos. Assim que experimentamos uma dimensão sensível apercebemo-nos do engano das proporções tal como na ópera compreendemos que os diferentes motivos se entrelaçam estranhamente entre si, iluminando-se à vez; e talvez a magia do teatro seja também este misto de sugestões e realidades.

A invenção do Teatrinho científico, como todo o projecto teatral, é portanto uma imitação e como todo o bom projecto preocupa-se apenas em ser um utensílio, um instrumento, um lugar útil para a acção decisiva que pode acontecer. Assim, ele é inseparável dos seus cenários, das suas maquetas, da experiência de cada uma das composições e o palco reduz-se à mesa de trabalho do artesão ou do licenciado; é experimental, tal como é experimental a ciência, mas confere a cada experiência a própria magia. Nele, nada pode ser casual nem tampouco estar resolvido para sempre.

Pensava em duas comédias que poderiam sempre alternar-se: a primeira chama-se *Os irreconciliados* e a segunda *Os reconciliados*. Pessoas, acontecimentos, coisas, fragmentos, arquitectura têm sempre um facto que os precede ou que se lhes segue e interceptam-se mutuamente. Como nos teatrinhos bergamascos, que recordo da infância no lago, *Os prometidos esposos* repetidos pontualmente mostravam-nos acontecimentos que se passavam sempre através de alguma impossibilidade e as personagens, como o príncipe Hamlet, tinham que solucionar um destino obscuramente pré-concebido. Mas em cada noite, a mesma tela de fundo, o braço do lago, emoldurado pelas luzes e pela arquitectura, indicava uma possibilidade.

Era este o fingimento mas também a ciência e a magia do teatro.

O teatro era também uma minha equívoca paixão onde a arquitectura era o cenário possível, o lugar, a construção mensurável e convertível em medidas e materiais concretos, de um sentimento frequentemente inalcançável. Sempre preferi os pedreiros, os engenheiros, os construtores que davam forma, que construíam aquilo que tornava possível uma qualquer acção.

Todavia, o teatro, e talvez apenas o teatro, possuía esta singular magia de transformar qualquer situação objectiva.

Construía um teatrinho onde a acção se desenvolvia por dentro da vida mas onde o acontecimento teatral do verão, época de férias, marcava a vida.

Pergunto-me como entram as estações na arquitectura; talvez esteja fixado na galeria de Milão quando no inverno o nevoeiro a atravessa, ou na natureza do Brasil que devora todo e qualquer espaço, ou nas vilas abandonadas sobre o lago.

Estou fixado numa situação que pode ser toda a minha arquitectura onde a situação de lugar e de tempo, que parece tão importante, se dissolve em gestos e percursos habituais.

Isto presidia ao projecto descrito por várias vezes de diferentes maneiras e a que chamei «projeto de vila com interior»; que é certamente qualquer coisa de muito próximo daquilo que poderei chamar «esquecer a arquitetura».

A este projeto parece-me ter renunciado há tempo embora dele fale tantas vezes e que se encontra nos meus papéis em desenhos incompletos ou em esquemas, ou em bilhetes-postais e fotografias, já amarelecidas pelo tempo. Queria-o construir com estes materiais; era, talvez, o filme que queria realizar, mas que cada vez mais confundia as pessoas, eram as luzes e as coisas. E este interior também era, primeiramente, talvez e apenas, qualquer coisa como um arranjo de interiores, que seguidamente se transforma até em pessoas, como que uma presença de corpos; por vezes, gostaria de pensar ter perdido para sempre os testemunhos deste projeto, não fora ele reaparecer em diferentes ocasiões.

Disse que a vila, independentemente das dimensões, nada tem a ver com a casa pequena; e os mestres antigos explicaram-nos tudo isto.

Após os romanos, o *locus* ou o lugar da *villa* foi para sempre determinado por Palladio no tratado e nas obras construídas; a dessacralização da forma do templo religioso e a escolha do lugar (relevo, cursos de água, jardins, o lago) são a sua maior invenção. Historicamente, esta passagem torna possível a *villa* romântica e pequeno-burguesa; até os palácios transformam os pavilhões dos jardins em *villas*; é esta a revelação desta construção. Basta pensar na villa-pavilhão de Schinkel no parque de Charlottenburg.

Com base nestes conceitos, a arquitectura da *villa* estava destinada a se dissolver e a quase desaparecer, a quase não deixar rasto das suas cada vez mais fantásticas tipologias. O conceito palladiano de lugar afastou o lugar da *villa* relativamente ao seu contexto; trata-se de um lugar que já conhecíamos e que se pode encontrar, indiferentemente, ao longo do rio Paraná ou no lago de Como, na Nova Inglaterra ou no Mediterrâneo, onde se quiser. Grande parte da beleza das descrições de Chandler baseia-se no seu profundo conhecimento da *villa* a ponto de dela fazer um elemento que descreve os acontecimentos na Califórnia mas, com pequenas modificações, poderia descrever as de outros lugares. Os próprios interiores de Tchekhov são mais *villas* do que casas de campo e são sempre extremamente sensíveis às estações. Encontram-se sempre os elementos portão, as hortênsias, as marcas dos pneus dos automóveis no saibro, uma mesa que está para ser posta, cumprimentos e palavras que se ouvem ao longe. A arquitectura está presente em poucos detalhes, esperando, como sempre, o disparo de pistola de *A Gaivota*, a luz da escada, o bote que percorre o lago como numa redoma de vidro.

O projecto *"villa* com interior" talvez consista em reencontrar esta arquitectura onde se filtra a própria luz, o fresco do anoitecer, as sombras de uma tarde de verão. «Azul de atardecer».

Mas no projecto há um longo e estreito corredor fechado por duas portas de vidro: a primeira, dando para uma rua estreita e a segunda, directamente para o lago donde entra o azul da água e do céu. Seguramente, corredor ou sala, está preparado o lugar onde, mais cedo ou mais tarde, alguém se interrogará: «É necessário falar de tudo isto?» ou «Veem, as coisas mudaram» e outras frases da encenação ou comédia. E longas tardes, gritos de crianças, e o tempo em família. Porque o construtor tinha previsto no projecto que a continuação da casa, não apenas distributiva, seria o corredor. Quando traço a linha de um corredor vejo-lhe este sentido de caminho e talvez por isso o projecto não ia mais além; era um percurso como que estrangulado e rodeado por factos privados, momentos imprevisíveis, amores, arrependimentos.

E também as imagens que não ficavam impressas na película fotográfica e que se acumulavam nas coisas; por isso, o interior é importante e se deve imaginar sempre o efeito que uma pessoa produz ao sair de um compartimento, sem que se espere; e interrogarmo-nos se os quartos devem comunicar entre si e sobre outras questões deste tipo, que se misturam com a protecção à humidade, com os níveis das águas, as coberturas, enfim, com o bom estado da construção.

Este interior, tal como o verde do jardim, acaba por ser mais forte do que a própria construção. Pode ler-se o projecto, simplesmente, pelas casas existentes, escolhê-lo num repertório que facilmente se encontra; acompanhá-lo nas variantes de direção de cena, nas deixas do autor, no ambiente do teatro, surpreendidos sempre pelas incertezas do príncipe Hamlet de quem nunca saberemos se era verdadeiramente um príncipe bom, como tudo nos parece fazer crer.

Este seria talvez o projecto onde as analogias, identificando-se com as coisas, alcançariam de novo o silêncio.

As relações são um círculo que não se fecha; só um tolo poderia pensar acrescentar o troço em falta ou alterar o sentido do círculo. Não é no purismo, mas na ilimitada *contaminatio* das coisas, das correspondências, que o silêncio regressa; o desenho pode ser sugestivo, e enquanto se autolimita, alarga-se à memória, aos objectos, às situações.

O projecto persegue esta trama de nexos, de recordações, de imagens embora saiba que por fim deverá escolher esta ou aquela solução; por outro lado, o original, verdadeiro ou presumível, será um objecto obscuro que se identifica com a cópia.

Até a técnica, aqui, parece parar onde a disciplina se dissipa.

Fotografias, levantamentos, desenhos, o enredo de uma comédia, o cenário de um filme.

Talvez um retrato.

Pode-se parar aqui a lista dos projectos ou, se quisermos, iniciar uma pesquisa incomensurável sobre as coisas. Pesquisa que é também recordação, mas é sobretudo o aspeto exterminador da experiência que procede imprevisível conferindo e tirando significado a cada projecto, acontecimento, coisa ou pessoa.

Uma vila no lago Maggiore.

Esta vila crescia, portanto, com o multiplicar-se de quartos, na rigidez de um percurso rectilíneo e tornava-se hospital, convento, quartel, o lugar de uma incomunicável e real vida colectiva. Sempre pensei que em cada acção deva existir qualquer coisa de constringente e isto não diz apenas respeito à relação entre as pessoas e as coisas, também tem a ver com a fantasia.

É difícil pensar sem que haja alguma obsessão; é impossível criar qualquer coisa de fantástico sem uma base firme, incontrovertível e, precisamente, repetitiva. Era este o sentido de muitos projectos; e do meu interesse pelo mercado, pelo teatro, pela habitação.

Compreendo agora a misteriosa observação que havia colhido na Taberna de Via Maddalena; isto é, compreendo que em cada compartimento há um precipício, só que seria idiota construir esse precipício, como o seria construir a intimidade, a felicidade e a destruição. Foi tarde que aprendi a compreender os interiores vitorianos, as meias luzes, o cortinado descolorido, o horror do espaço vazio que deve ser preenchido e sempre coberto, escondido. Num «projecto de villa com interior» interrogava-me sobre estas coisas e talvez por isso não atingia sequer uma lógica que permitisse terminar o desenho. Não podia agarrar-me à vulgaridade do Hotel Sirena; porque aquele hotel era já um monumento onde participava numa liturgia em si mesma repetitiva e necessária.

Se tivesse de falar hoje de arquitectura diria que é mais um rito do que uma criação; porque conheço profundamente as amarguras e o conforto do rito.

O rito dá-nos o conforto da continuidade, da repetição, obriga-nos a esquecimentos enviesados porque, não podendo evoluir, cada mudança seria a destruição.

Isto poderia explicar muitos dos meus desenhos ou projectos. Em 1966, o projecto para a unidade residencial San Rocco assentava numa racionalidade absoluta: era a quadrícula romana aplicada a uma parcela da Lombardia.

Podia estender-se até ao infinito, existia neste projecto qualquer coisa de perfeito, mas quase asséptico. Depois, tinha pensado que as duas partes deveriam ser desencontradas; mas pouco desencontradas. O espelho permanecia na sua moldura mas era como que sulcado por uma fissura que ninguém teria podido definir como vontade de assimetria, mas sim como um acidente na moldura e que alterava ligeiramente o reflexo do rosto. Se o reflexo não estava alterado, estava com certeza levemente descomposto.

Era esta a crítica e o horror da *limitatio*. Tal como os camponeses vénetos, que nos campos, por miséria secular, destruíam a medida romana construindo no cardo e no decumano. Isto sempre me impressionou porque significa que a estrada, elemento de ordem pública, não escapava à privatização dos campos e não podia ser reivindicada por parte de um estado em derrocada e de um império abstracto. Ou então era como que o resultado de um movimento telúrico, um assentamento estático que tivesse alterado os eixos da construção. Gostava do assentamento do Panteão descrito nos livros de estática; a fissura imprevista, uma pequena derrocada visível mas contida, dá uma imensa força à arquitectura porque a sua beleza se não podia prever.

Entre as minhas primeiras paixões pela arquitectura está seguramente Alessandro Antonelli; em Antonelli sempre admirei a coerência obsessiva e a paixão pela construção na vertical. Muitas destas construções caíam ou resistem com um equilíbrio inarrável; levava ao limite um sistema de construção tradicional, as abóbodas em tijolo, que forçosamente deviam ser abandonadas. Antonelli opunha-se à quebra das regras antigas como se não pudesse enfrentar as técnicas modernas por serem elementares. Esta paixão pela técnica é muito importante nos meus projectos, ou no meu interesse pela arquitectura. Creio que o edifício no bairro Gallaratese, em Milão, seja importante sobretudo pela simplicidade da sua construção e que neste sentido venha a ser repetido. Pelo mesmo motivo sempre gostei de Gaudí, ainda que este interesse possa parecer uma homenagem ao meu amigo Salvador Tarrajó.

De facto, aprendi a grandeza de Gaudí com Salvador Tarrajó, mas eram-me próprias as suas regras construtivas, a condução até ao absurdo das possibilidades estáticas, o bosque de colunas do Parque Güell onde os elementos de suporte se inclinam com base em leis estáticas ou surreais, a mistura extraordinária entre engenharia e fantasia, entre autobiografia e religião que Salvador me descrevia em língua catalã. Seguramente, a estática existia. No Colosso de Rodes, no Empire State Building, no San Carlone, na Mole Antonelliana, no Aqueduto de Córdova, nos foguetões de Huston, nas Pirâmides, nas torres gémeas do World Trade Center e noutras coisas que aqui não posso descrever, como o poço de Orvieto.

Talvez me tenha interessado pela arquitectura por causa das lendas míticas da muralha chinesa ou dos túmulos de Micenas. Sabia que tudo isto me estava vedado, ou que talvez nunca tivesse sido verdadeiro. Mas estas construções feitas por corpos impressionavam-me; o corpo do homem que revia em cera nos Montes Sagrados ou nos subterrâneos de Palermo, ou distendido nas igrejas do Brasil.

Compreendo que é esta a finalidade de toda a técnica: a identificação da coisa com a fantasia que a tem por base, fundamento, terra e carne.

Em qualquer projecto desagrada-me quem fale da obra como libertação; isto tem a ver com a crítica superficial e, de certo modo, com o conceito de arte.

Igualmente, nas estátuas do Monte Sagrado de S., que percorria quase todos os dias, o que eu admirava não era a arte, mas sim seguir a obstinação, a narração, a repetição e ficava contente que, de alguma maneira, mesmo se dolorosa, a virtude triunfasse, no final. Como se visse repetidamente o mesmo filme, a mesma comédia; e estarmos livres do desejo de conhecer o final. Por isso vou frequentemente ao cinema quando o filme está a meio ou para acabar; conhecem-se as personagens no desfecho e depois pode-se redescobrir a acção que acontecera antes ou imaginar uma alternativa.

Apesar de em seguida falar de alguns dos meus projectos, devo ainda dizer algumas coisas sobre o cemitério de Modena cuja primeira versão, decorrente de um concurso, tem origem em 1971.

A este mesmo ano, talvez, remontam as primeiras notas deste texto, que recolho em pequenos cadernos azuis, por tarefas ou anotações, e que só se encontram na Suíça. Têm um belo azul e chamo-lhes cadernos azuis. No projecto do cemitério de Módena, como disse, procurava a liquidação do problema juvenil da morte como representação. Sei bem que este não pode ser o melhor posicionamento para a explicação de um projecto; e tão pouco a mediação osteológica ou meditação osteológica a que aludi. Além disso, neste projecto existia ainda, claramente, uma mediação entre a coisa e a sua representação; mediação que de algum modo desaparece nos projectos sucessivos. O conceito central deste projecto era talvez o de ter visto que as coisas, os objectos, as construções dos mortos não são diferentes das dos vivos.

Falava do túmulo romano do padeiro, de uma fábrica abandonada, de uma casa vazia; via também a morte no sentido de *Alice já não mora aqui*, de um remorso, portanto, porque não sabíamos quais eram as nossas relações com Alice, que de algum modo queremos procurar, até.

Em seguida, o projecto identificava-se com o percurso feito para chegar ao lugar, e depois ao estaleiro; estas relações com os poucos lugares onde construí são singulares.

São como um divertimento obrigatório ou uma relação forçada; têm sempre a exacta qualidade que apenas um propósito pode conferir a uma viagem.

Provavelmente nunca fiz viagens em sentido turístico se bem que os objectivos de uma viagem possam ser múltiplos e não apenas os que se ligam ao trabalho.

Aqui, referia-me simplesmente à paisagem ou aos lugares entre Módena e Parma que de vez em vez redescobria e redescubro; como muitos outros lugares, certamente. Mas esta ligação aos lugares, e o seu contrário, é qualquer coisa de muito importante e que não consigo exprimir com clareza.

Este frequentar a paisagem nunca alterou muito, ou não alterou de facto, as primeiras opções. Enquanto acompanhava as poucas construções realizadas, admirava os erros de construção, as pequenas deformações, as alterações a remediar de improviso. Parecem-me já a vida do edifício e ficava admirado; creio que, se autêntica, a ordem fica disponível para alterações práticas e consinta todas as falhas da debilidade humana. Por isso, o meu empenhamento sempre foi por uma ordem diferente da dos meus contemporâneos ou professores; assim, no Politécnico de Milão julgo ter sido um dos piores alunos, apesar de hoje pensar que as críticas que me eram dirigidas estejam entre os melhores elogios que jamais recebi. O professor Sabbioni, por quem tinha uma especial estima, dissuadia-me de fazer arquitectura dizendo-me que os meus desenhos pareciam ser os dos pedreiros ou mestres-de-obras de província, que atiravam uma pedra para indicar, mais ou menos, onde se devia abrir uma janela. Esta observação, que provocava o riso nos meus colegas, enchia-me de satisfação; e hoje procuro recuperar aquela felicidade do desenho, então confundida com a inabilidade e a estupidez, felicidade que mais tarde caracterizou a minha obra. Por outras palavras, escapava-me e ainda hoje me escapa grande parte do significado da evolução do tempo; como se o tempo fosse uma matéria que observo do exterior. Esta falta de evolução está na origem de algumas das minhas desventuras mas também me pertence com regozijo.

Se esta é hoje a minha posição, e se esta jamais pode ser continuativa, devo contudo introduzir uma ordem de acordo com a cronologia desta autobiografia científica. Como disse, o meu interesse não era sobretudo arquitectónico; acho interessante que o meu primeiro artigo documentado se intitule *A consciência de poder dirigir a natureza*. É um texto de 1954 e, portanto, tinha 23 anos; por outro lado, uma das coisas mais importantes que escrevi remonta à mesma época. Foi publicada em 1956 mas foi escrita cerca de um ano antes, tinha eu 24 anos. Este ensaio intitula-se *O conceito de tradição na arquitetura neoclássica milanesa*.

Falo destes dois textos por dizerem respeito à história de uma época, à história social.

Com cerca de vinte anos fui convidado para ir à União Soviética. Era uma época particularmente feliz e juntava-se a juventude com uma experiência então singular; e da Rússia gostava de tudo, tanto das cidades antigas como do realismo socialista, das suas gentes e da paisagem. A atenção dada ao realismo socialista serviu para me desembaraçar de toda a cultura pequeno-burguesa da arquitectura moderna; preferia a alternativa dos grandes arruamentos de Moscovo, a arquitectura doce e provocatória do metropolitano e das Universidades nas colinas de Lenine. Via misturar-se o sentimento com a vontade de construção de um mundo novo; ora, muitos me perguntam o que foi para mim aquele período e creio dever dizer sobretudo isto. Tomava consciência da arquitectura juntamente com o orgulho popular de quem mostrava escolas e casas, tanto a mim como aos estudantes de Moscovo e aos camponeses do Don. Nunca mais voltei à União Soviética, mas tenho orgulho por ter sempre defendido a grande arquitectura do período estalinista, que podia transformar-se numa importante alternativa para a arquitectura moderna e que foi abandonada sem qualquer explicação clara. Recentemente, um amigo enviou-me um postal ilustrado de Moscovo que reproduz a Universidade na luz verde e azul do relvado e do céu e reparei com satisfação no modo como estes edifícios são autênticos monumentos, capazes de se entregarem ao carácter de festa contido em todos os postais turísticos. Esta minha defesa da arquitectura soviética sempre me trouxe polémicas mas nunca a abandonei; compreendo que nisto possa existir também um motivo, por assim dizer, pessoal ou estritamente autobiográfico. Precisamente, uma manhã, após ter alta de uma breve permanência no hospital de Odessa, ao caminhar junto ao mar tive a exacta visão de uma recordação ou que estava a viver uma recordação positiva. Encontrei tudo isto no filme de Vassili Choukchine, *Assim vive um homem*, que relacionei com o filme de Alexander Dvojenko, *Mitchourine*, que era a base do meu texto *A consciência de poder dirigir a Natureza*. Parece-me um título absurdo; mas é como um programa e como qualquer programa é independente do seu fracasso.

Falando dos lugares, da Rússia da minha juventude e seguidamente de outros lugares, apercebo-me de que uma pesquisa científica da própria obra se torna quase numa geografia da educação. E, talvez, se se desenvolvesse num outro sentido, teria podido dar a este texto a denominação de *Geografia dos meus projectos*.

Cada lugar é certamente singular precisamente na medida em que possui ilimitadas afinidades ou analogias com outros lugares; até o conceito de identidade e portanto de estrangeiro, de que falei, é relativo.

Cada lugar é recordado na medida em que se torna um lugar de afeição ou que com ele estamos identificados. Penso no filme de Antonioni, *Profissão repórter*, e num lugar que me é particularmente caro, na ilha de Elba, a que chamávamos «profissão repórter» sem qualquer motivo de aparente semelhança que não fosse a luz e o sol, mas também porque aquele lugar estava ligado à perda da identidade, como no filme de Antonioni. Este lugar era um meu projecto.

Sempre foi minha intenção escrever projectos, um conto, um filme, um quadro, de modo cada vez mais independente de qualquer técnica porque assim isto identificava-se mais com a coisa sendo ao mesmo tempo uma projecção da realidade. Pensava escolher alguns projectos e examiná-los a partir de muitos pontos de vista, mas isto não é fácil acontecer segundo uma ordem cronológica. Vejo agora que tendo acima falado do filme de Antonioni, falei do desenho *As cabinas de Elba*, que depois se tornou o projecto para a casa do estudante de Chieti, a que noutras representações chamei *Impressions d'Afrique* e não apenas por homenagem a Raymond Roussel. Assim, creio que o projecto pode ser a conclusão ou ser esquecido de facto e confiado a outras pessoas e situações.

Este esquecimento é também uma perda de identidade, nossa e das coisas que observamos; toda a alteração está contida numa fixação. A diferença entre o longo edifício que desenhei há cerca de dez anos atrás no bairro Gallaratese, em Milão, e estas pequenas casas parece-me clarificar o único pensamento sobre a cidade e sobre os lugares onde habitamos: o de os observar como parte da realidade da vida do homem. São como que cópias de observações e de tempos diferentes: a observação juvenil das extensas galerias das casas operárias, dos pátios repletos de vozes e de encontros que quase espiava com temor na infância burguesa e possuíam o mesmo fascínio das cabinas, ou melhor, das pequenas casas que me vinham à cabeça noutras situações e noutros lugares; assim como as casas dos monges na Cartuxa de Pavia ou as casas sem fim dos subúrbios americanos.

A pequena casa não é a *villa*; tal como a longa galeria e o pátio, ela pressupõe uma aldeia, uma familiaridade, uma ligação que mesmo nos melhores casos é como um sentimento forçado. Por vezes parece-me que não há muita diferença entre uma pequena casa no centro de uma aldeia africana, ou de uma aldeia nos Alpes, de uma perdida nos grandes espaços da América. Existe toda uma terminologia técnica para definir aquilo a que chamo pequena casa. Mas vi-a pela primeira vez nos desenhos *As cabinas de Elba*, que remontam, creio, a 1973. Chamei-lhes cabinas porque verdadeiramente o são no uso e na linguagem falada, mas também porque me pareciam uma dimensão mínima para viver, uma impressão do verão e, assim, noutros desenhos chamei-lhes depois *Impressions d'Afrique*; também aqui por referência ao mundo de Roussel, que no início nos diz «o teatro estava circundado por uma imponente capital formada por inúmeras cabanas». As cabanas-cabine eram portanto inumeráveis e isto fez-me entrever um tipo de cidade e de edifício, o volume do teatro, rodeado por inúmeras cabanas. Em 1976 associava o meu projecto para uma casa do estudante em Chieti a esta ideia, quando habitualmente é entendida como um edifício residencial, grande ou pequeno; e assim a tinha visto no projecto triestino de 1974. Agora, via esta aldeia onde sobressaía um edifício público inacabado, com grandes vigas que se iam adicionando com o crescer das paredes de tijolo. E o aspecto africano, mediterrânico, era dado por estas cabinas e pelas grandes palmeiras em que eu pensava há anos e que, na minha observação, reaparecem em todo o lado; e não apenas nas grandes avenidas de Sevilha, porque também em Sevilha as pequenas casas são uma cidade que se identifica com a Feira e portanto com o verão; palmeiras que sempre reencontrei alinhadas sobre o lago, frente às casas como uma chamada, um símbolo, a própria memória da casa. E assim, a pequena casa, a cabana, a cabine se conformava e se deformava no lugar e com as pessoas e nada as podia substituir ou lhes retirar este carácter de privado, quase de único, de identificação com o corpo, com o despir e o voltar a vestir. Mas esta relação com o corpo reaparecia também, com um sentido ancestral, nas narrativas dos camponeses reunidos nos estábulos e por fim na pequena e análoga construção do confessionário. Até os confessionários estavam no interior dos grandes edifícios que, em geral, sobressaem na aldeia; pequenas casas bem construídas, onde se fala de coisas secretas, também aqui com o prazer e a incomodidade das cabinas estivais, relativamente ao corpo. Os confessionários estavam dotados de um tecto, de janelas, de decorações; muitas vezes o nome do sacerdote estava escrito como o de um proprietário de uma casa. E a pequena casa transformava-se frequentemente em cemitério; assim, San Carlo Borromeo, embora preocupado com os grandes projectos arquitetónicos e sociais, procurou tornar a casa confessional mais humana ao proibir nela depositar os ossos, ainda que isto fosse feito para devoção e funcionalidade espiritual. E ele próprio, para vencer este culto antigo, percorria a sua predileta Valsolda, ajudado por poucos, para esvaziar os confessionários mais afastados. Na pequena casa, mais ainda do que na igreja, a Contra-Reforma procurava apartar esta forte e antiga unidade entre corpo e espírito. Igualmente constante e fatigante era a intervenção dos Jesuítas nas pequenas casas que construíam para os índios, repondo paredes, compartimentos, divisórias nas casas-cabana, pois estas rapidamente se tornavam num lugar onde qualquer separação era feita (apenas) pelo corpo. Com o projecto das cabinas de Elba pretendia reconduzir a casa a estes seus valores perceptíveis em cada estação; porque a pequena casa não é uma redução dimensional; é, neste sentido, o contrário da *villa*. A *villa* pressupõe interiores sem fim como labirintos, e jardins por pequenos que sejam, e um lugar.

Estas são, pelo contrário, casas sem lugar, porque o lugar é interior ou identifica-se com quem as habita por um tempo que sabemos ser breve mas que não podemos calcular.

As cabinas possuem rigorosamente quatro paredes e um tímpano; há no tímpano qualquer coisa que não é apenas funcional, como igualmente pressupõe uma bandeira e pressupõe a cor. A cor, em faixas, é uma parte integrante, reconhecível, talvez a parte mais declaradamente arquitectónica.

É sobretudo ela que nos torna conscientes de que no interior deve dar-se um acontecimento e que, de algum modo, ao acontecimento se seguirá o espectáculo. Como separar, pois, a cabina de uma outra expressão, o teatro? Destes desenhos nascia o Teatrinho científico de 1979 e foi precisamente a sua função que me levou a chamá-lo científico.

Tal como chamo científico rememorar estes projetos; sem esperar que da sua análise provenha qualquer indicação de salvação para mim, para o ofício, mas apenas para o progresso que existe em todas as análises.

Assim, a pequena casa coloca-se agora melhor na paisagem real e fantástica; e a conotação «as cabinas de Elba» ou «o Teatrinho científico» tem em si aquele tanto de pessoal, de autobiográfico, que permite prosseguir aquilo que também aqui permaneceria fixo num desejo do passado que se consome a si mesmo. Portanto, posso observar que todas «as minhas cabinas» não estão sujeitas apenas a um único verão e que se tornam neste conjunto de casa, de vestiário, de pequeno cemitério, de armário, de teatro.

Afinal, retomado o percurso, são estas, ainda e simplesmente, as magníficas paisagens móveis que, em cada estação, se dispõem ao longo do Adriático; tal como as observava no período em que ensinava em Pescara, por volta de 1966. Víamo-las surgir com o aparecimento do verão e decair com ele; um tempo mais longo que o da dramática cidade da Feira de Sevilha, um tempo de férias, de encontros, de amores, talvez até de aborrecimento, que se repetia em cada ano. E quando as grandes praias estavam vazias, de inverno, eram ainda o terreno móvel de uma cidade provisória que a costa separava da outra cidade. Mas a primeira permanecia sempre a cidade dos encontros, como o cais, como tudo aquilo que está entre a terra e a água, assim como entre a terra e o céu.

Porque entre a terra e o céu, o bosque e o céu, está um dos meus mais queridos projectos, a casa em Borgo Ticino, cujos primeiros desenhos são de 1973. O primeiro e mais claro desenho era apenas um bosque com casas sobre palafitas; e foi intitulado *Sobre a estrada de Varallo Pombia*, com uma data. Quase não possuía ainda uma elaborada técnica de desenho ou de qualquer forma de representação; como de quem anote um dia, um lugar, um caminho. Mas perdida que tenha sido a falsidade dos factos, a inconsistência dos encontros, o próprio apontamento, no projecto seguinte, a pequena casa suspensa, permaneceu. Onde os terraços são os cais que repetem os do rio Ticino e os de qualquer outro rio; e os *piers* de Manhattan e de outros cais ao longo do Hudson. Todos, elementos de um tratado de arquitetura.

Esquecer a arquitectura ou qualquer proposição era o objectivo de uma inalterável selecção da tipologia das construções pictóricas e gráficas onde a grafia se confundia com a escrita, quase uma forma superior de grafomania em que o sinal fica indiferente ao desenho ou à escrita. Recentemente, ao ver uma carta em que Paul Hofer me fazia um convite, impressionou-me a escrita vertical rígida e aparentemente clara, como nos missais góticos, que se tornava ela própria desenho, como a do seu compatriota Paul Klee. A grafia de Paul Hofer fez-me recordar as suas magníficas lições no Politécnico de Zurique onde o seu alemão perfeito, que eu seguia com dificuldade, era frequentemente ligado ao francês, conforme o costume da burguesia de Berna. A carta era acompanhada por um belíssimo desenho do meu edifício no bairro Gallaratese que ele havia feito durante uma visita a Milão com os seus estudantes. Mas a carta e o desenho sobrepunham-se a imagens de cidades: Zurique, Berna, Friburgo, Colmar; Estas cidades eram as minhas preferidas nos anos em que ensinava em Zurique e pode acontecer que tudo quanto estou a escrever se possa remeter a um pequeno caderno que tinha intitulado

«Caderno de Colmar». Ora, esta Colmar é um meu ou nosso projecto, tal como o projecto para Solothurn que deveria fazer com Paul Hofer, Heinrich e Margarethe. Este projeto, que nunca se fez, entranhou-se nos meus desenhos como uma nascente secreta. As torres de Solothurn sobrepunham-se a pouco e pouco às de Filarete enquanto a rígida bandeirinha metálica tilintava em cada desenho. Eram céus brancos e frios.

Tilintar é a tradução do alemão *klirren*, que sempre me impressionou no poema *Hälfte des Lebens*, de Hölderlin. Este título também me parecia um estado de arrebatamento. As bandeirinhas de ferro que Hölderlin jamais desenhou invadiram, depois, os meus desenhos e, perante as mais insistentes perguntas, não sei como as explicar. Traduzia o último trecho «Im Winde klirren die Fahnen / die Mauern stehen sprachlos und Kalt» na minha arquitectura. Havia terminado uma minha lição em Zurique com esta citação que aplicava aos meus projetos: «Meine Architektur steht sprachlos und kalt».

Este *sprachlos* é melhor do que a palavra mudo; eu pensava, pelo contrário, na falta de uma palavra e não no mutismo. A dificuldade da palavra produz frequentemente uma inexorável continuidade verbal como exprime Hamlet ou Mercúcio. «You are speaking of nothing» é um modo de falar de tudo e de nada, qualquer coisa semelhante à grafomania. Reencontro isto em muitos desenhos, num tipo de desenho em que a linha já não é linha mas escrita.

Esta grafia está, portanto, a meio caminho entre o desenho e a escrita; durante um período deixei-me fascinar por isto embora ao mesmo tempo me desse um certo mal-estar. São desenhos escritos, deslumbravam-me Giacometti e os maneiristas seiscentistas.

Assim, as afirmações de Adolf Loos, com o seu caráter bíblico, encantavam-me por não poderem ser ulteriormente desenvolvidas, uma lógica a-histórica da arquitetura:

«Quando na floresta encontramos um túmulo com seis pés de comprimento por três de largura, em forma de pirâmide e com esfera, ficamos sérios e qualquer coisa em nós diz: aqui está sepultado alguém. Essa é a arquitectura».

Adolf Loos tinha feito esta grande descoberta na arquitectura: identificar-se com a coisa através da observação e da descrição; sem alterações, cedências ou, por fim, sem paixão criativa nem um sentimento regelado pelo tempo. É difícil e muitas vezes diletante falar das próprias emoções directas, embora admita que há uma mísera beleza nos discursos de taberna; talvez apenas Shakespeare tenha sabido reproduzir a tensão desta diferença.

A descrição regelada volvia aos grandes tratadistas, às categorias do Alberti, às cartas do Dürer, e desapareciam a prática, o ofício, a técnica já procurada, porque, como de início, não era importante transmitir ou traduzir.
 Em quê?
 Como no velho oratório transcrito por Patrick, as quatro figuras alternavam-se: o Tempo, a Beleza, a Desilusão, o Prazer. A solução estava prefixada, mas nem por isso era menos interessante. Obviamente que o Tempo vencia, mas os papéis das outras personagens eram apaixonantes por serem simples funções do Tempo. Detestava a desilusão e amava o prazer pela sua discrição; era desde sempre a figura retórica que era obrigada a retirar-se mas o prazer era também o melhor do quotidiano, prometia pequenas alegrias. Era a transposição possível da vida e do teatro.

Em arquitectura cada janela era a janela, fosse a do artista, de um qualquer homem, a janela das cartas das crianças: «diz-me o que vês da tua janela, etc.». Na realidade apenas permanecia uma abertura igual, em qualquer dos casos, fosse a que se abria para o selvagem burgo natal ou qualquer outra abertura da qual debruçar-se. O caixão e a janela representam histórias inacreditáveis, mas do ponto de vista construtivo assemelham-se. E também o túmulo ou o palácio, tudo preanunciava um evento que já havia acontecido nalgum lugar, aqui ou algures.

Na narrativa talvez o sinal se possa mudar, mas os sinais tangíveis com que se transmite são aquilo que podemos ainda chamar história ou projecto. Além da identificação com a história é esta a constatação ou descoberta de Adolf Loos perante o túmulo. Nestes dias de 1979 vejo o primeiro braço do cemitério de Módena encher-se de mortos; estes mortos, com as suas fotografias esbranquiçadas e amarelecidas, os seus nomes, as flores de plástico oferecidas pela piedade familiar e social, dão ao cemitério o seu único significado. Ou antes, após muitas polémicas, volta a ser a grande casa dos mortos onde a arquitectura é um fundo apenas perceptível pelo especialista. A arquitectura para ser grande deve ser esquecida ou colocar apenas uma imagem de referência que se confunde com as recordações.

Assim eram todos os teatros fixos na descrição de Raymond Roussel que quebrou toda e qualquer imagem ao referir-se a um teatro que desde sempre existia, que surgia num lugar como em qualquer outro mas onde o seu maior distintivo era a palavra TEATRO. A palavra era o emblema e o selo final e como todos os teatros submetia-se à situação. Tal como nos desenhos das crianças, onde a palavra TEATRO, MUNICÍPIO, CASA, ESCOLA é a definição e a nota de chamada para o edifício autêntico, que não pode ser desenhado. Essa palavra remete para a experiência de cada um. A arquitectura deve ser pouco caracterizada, apenas aquele tanto que sirva a fantasia ou a acção; até mesmo os tristes funcionalistas tinham em parte compreendido isto.

Quartos, hospedarias, pensões, a estação da povoação, uma mala trivial que alguém levava, o comboio que atrasava para além de uma possível justificação ou ainda o aborrecimento que aumentava com a paixão ou a desconfiança, ou alguém que dizia «Siegfried» como numa comédia, entre a França e a Alemanha. Mas o início talvez fosse a mais misteriosa das fronteiras; e os compridos pavilhões do lago não recordavam a arquitectura ou isso a que chamam ambiente; eu esquecia o projecto e ao esquecê-lo não podia depois ser narrado com clareza. E assim, esquecer o projecto que os tratadistas procuravam alcançar mais pelas imagens do que pela norma ou que os grandes positivistas à Viollet-le-Duc procuravam na história, mediante a classificação de cada elemento percorrendo a demencial pesquisa da função perfeita.

Porém, quando escrevia *A arquitectura da cidade*, exactamente a propósito de Viollet-le-Duc, experimentava uma profunda admiração, era como um jogo, um duelo com a história, uma total confiança no sinal, um sinal sem drama nem dor, não diferente dos castelos de Ludwig. A arquitectura moderna tratou todas estas coisas de um modo idiota, procurando não sei que pureza; mas a nossa tradição era esta. Na realidade, tudo tinha caído tão fundo a ponto de se não poder recuperar. Não sou um crítico, mas creio que depois da casa de Schinkel em Charlottenburg tem-se tratado somente de espertezas formais ligadas à indústria; se há grandes arquitectos, são apenas os que estão ligados ao povo ou à nação, Gaudí ou Antonelli e muitos engenheiros cujo nome ignoramos.

Percebi tudo isto desde os primeiros anos do Politécnico. Gostava com certeza do livro de Siegfried Giedion porque era um livro em parte baseado, sobretudo, no entusiasmo por Le Corbusier, a propósito de quem sempre contive a minha opinião. Por volta dos anos 50 um jovem que fosse inteligente não podia senão entusiasmar-se pelos grandes livros de arquitectura do século XIX. Não quero entrar agora nesta discussão que me levaria demasiado longe, mas é significativo que os melhores jovens se interessavam por política, cinema, literatura. Bem vistas as coisas, o livro de Argan sobre Gropius era um belo romance, mas não tratava dos factos. O meu livro preferido era certamente o de Adolf Loos, cuja leitura e cujo estudo devo àquele a quem posso também chamar o meu mestre, Ernesto Nathan Rogers; por volta de 1959, li pela primeira vez Adolf Loos na óptima edição original da Brenner Verlag que Ernesto Nathan Rogers me tinha dado. Talvez apenas Adolf Loos estabelecesse um nexo com os problemas mais importantes: a tradição austríaca e alemã de Fischer von Erlach e de Schinkel, a cultura local, o artesanato, a história e sobretudo o teatro e a poesia.

Devo seguramente a este estudo o profundo desprezo que sempre senti pelo desenho industrial e pela confusão entre a função e a forma. Com ele descobria Kraus, Schonberg, Wittgenstein e sobretudo Trakle; mas também a grande arquitectura romana e clássica e uma América que compreenderia mais tarde. Lia tudo isto de um modo talvez ingénuo, mas era talvez o único a lê-lo; isto fez-me ganhar, por assim dizer, durante anos, a fama de germanófilo ou o facto de a crítica referir cada trabalho meu ao mundo centro-europeu. Na realidade, como bem sabe qualquer estudante meu ou amigo, de Zurique ou alemão, o meu conhecimento da língua alemã sempre foi, no mínimo, insuficiente. É certo, como creio já ter escrito nestas páginas, que uma boa discussão com o meu amigo Heinrich Helfenstein sobre a tradução de Hölderlin favoreceu mais a minha arquitectura do que os maus livros e as más lições dos meus professores do Politécnico de Milão.

Antes de terminar este argumento, o de alguns textos que para mim foram fundamentais, de carácter arquitectónico, por assim dizer, devo falar da tradução de Etienne Louis Boullée e da introdução ao seu livro. Foi-me dito, e considero-o um elogio, que esta tradução é muito pouco fiel ou que, no mínimo, é uma invenção. Admito que ela é certamente uma obra compartilhada até porque o francês de Boullée não é seguramente de fácil tradução e além do mais encontrei nele uma similitude que jamais me tinha acontecido, talvez. É uma obra de 1967 e quando a iniciei tinha cerca de 35 anos; não pode pois ser considerada uma obra da juventude. Creio tê-la escrito em Santa Margherita Ligure numa casa sobre o mar, ajudado pela Sonja, e quando o meu filho era pequeno; às vezes penso no modo como obras deste tipo se ligam a particulares períodos da vida e como podia, nesta situação, identificar-me com um velho académico francês; mas estava impressionado pela frase onde Baudelaire afirma que existem «correspondances».

Neste ensaio falo de racionalismo convencional e de racionalismo exaltado; mas não me apercebia, por acaso, de que a própria vida era o racionalismo exaltado? Boullée pensa numa biblioteca e a biblioteca são os livros, é o peso, não apenas estático, que a determina; ela esgota-se neste espaço que Boullée, como visionário, percorre na *Escola de Atenas*, porque aquele espaço é o espaço destes homens através dos quais ele caminha. E o que poderia mudar? Que poderia ele mudar na sua maior descoberta, a luz e a sombra? Boullée afirma textualmente ter descoberto a arquitectura das sombras, de ter, portanto, descoberto a arquitectura da luz e a mim claramente me mostrava que luz e sombra não são senão os outros aspectos do tempo cronológico, a fusão do tempo, atmosférico e cronológico, que mostram a arquitectura e a consomem e dela dão uma imagem breve, e no entanto tão longa.

Dava-se o mestre francês conta de tudo isto? Ou ele próprio, filho do iluminismo, colocava os limites: teoria das sombras, percursos, resistência, um outro modo de compreender a natureza que remontava à paleontologia, à classificação e, porque não, à mortificação? A mortificação demencial era a da função perfeita, dos museus de história natural que percorríamos em crianças; mas com que resultado que não fosse apenas o aborrecimento?

Já falei da deposição, a deposição como maneira pictórica, mas não é este, talvez, um estudo mais abrangente daqueles aspectos que não se podem fixar, que escapam à estática e que brilham nos olhos de uma rapariga ao esforçar-se por levantar o corpo?

Todavia, nesta classificação existia uma via de salvação; o catálogo reavia da imagem uma história secreta, imprevista, a própria artificiosidade tornava-se fantasia. Se tudo estava imóvel para sempre, qualquer coisa havia para ver: os pequenos fundos das fotografias amarelecidas, o imprevisto de um interior, a própria poeira da imagem onde se redescobria o valor do tempo.

Em certa medida começava a gostar desta demência, que alinhava as formas da energia existente, as tinha prontas para, quiçá, algumas convulsões.

Por isso, na minha formação arquitectónica sempre me fascinaram os museus; compreendi-o lucidamente mais tarde, isto é, quando reparei claramente que me aborrecia nos museus.

Muitos dos museus actuais são fraudes; frequentemente, tentam distrair o visitante, tornar o conjunto gracioso, «um espectáculo», como se diz. Um conceito análogo ao cenográfico; uma boa comédia não precisa de cenografias ou de invenções teatrais; estas pertencem a um outro tipo de espectáculo que sem dúvida possui a sua própria importância; mas não diz respeito ao teatro como não diz respeito à arquitectura. O teatro é muito semelhante à arquitectura porque tem a ver com um acontecimento: o seu início, o seu desenvolvimento e a sua conclusão. Sem acontecimento não existe teatro e não existe arquitectura; refiro-me, por exemplo, à pilha de lenha sobre a qual é queimado o príncipe Hamlet, ou à solidão do tio Vânia, ou a duas quaisquer pessoas que conversam numa casa qualquer, com ódio e amor, e certamente também ao túmulo. É isto uma forma de funcionalismo ou de necessidade? Sinceramente, não creio; se o acontecimento é bom também a cena é boa, ou deveria sê-lo. E creio que neste sentido a vida seja bastante boa; é o meu realismo, ainda que não saiba que tipo de realismo seja, muito embora seja importante ter qualquer coisa a dizer.

A minha relação com o realismo foi bastante singular. Quando penso que o projecto para o monumento à Resistência, em Cuneo, por volta de

1960, foi considerado uma obra purista, e de algum modo o é, parece-me estranho. Em todo o caso foi chumbado precisamente pelo seu purismo, considerado desatualizado nos anos 60.

Com esta observação, e a propósito de um projecto meu de concurso, não quero referir, nesta autobiografia dos meus trabalhos, os meus insucessos; pelo contrário, apenas e precisamente os quero referir e não falar deles. Os meus melhores projectos de concurso por norma foram sempre chumbados; ser-me-ia fácil falar de falta de apoio partidário ou de amizades, mas seria falso. Não obstante o mau costume italiano, os meus projectos foram sempre eliminados dada a sua incompreensibilidade, ou, se quiserem, dada a sua fealdade. Refiro-me aos projectos que analisarei mais adiante, posteriormente ao de Cuneo, o projecto para o Teatro Paganini de Parma, o projecto para o bairro de San Rocco, em Monza, o concurso para o palácio municipal de Scandicci, o concurso para o palácio municipal de Muggiò, o concurso para o palácio da Região em Trieste e por fim, para ser breve, o da casa do estudante em Chieti, de 1976.

É ridículo que estes mesmos trabalhos constituam, depois, os modelos realizados na faculdade e na realidade; talvez não seja ridículo porque um projecto como o da casa de Borgo Ticino e outros não podiam ser senão falsos aos olhos dos seus proprietários, públicos ou privados. Em 1960, ainda jovem ou quase, tinha escrito, aplicando-a ao trabalho do homem e também da arquitectura, uma frase de Nietzsche «Onde estão aqueles para quem estes trabalham?»

Pelo que estou contente por não ter, com frequência, construído para gente que não sabe onde esteja, ou quem seja.

Que esta desilusão seja apenas da sociedade, creio ser falso. Procuro usar poucas citações literárias mas por vezes elas são necessárias, Quando recordava a citação na Taberna de Via Maddalena remetia-a certamente para um problema de engenharia, de estática, ou de uma tarde em pleno verão, ou para tudo aquilo que quiserdes para exprimir uma situação, mas também a relacionava com Lord Jim, que Conrado diz ser um dos nossos «porque tinha caído de uma altura que jamais teria podido escalar». Ora eu creio que para um engenheiro o sentido desta altura não era exprimível de outra forma. A sua irrepresentabilidade reconduzo-a ao precipício descrito na Taberna de Via Maddalena.

Já não existem nem a Taberna de Via Maddalena nem o Hotel Sirena, mas não é por acaso esta a nossa educação arquitectónica? Tijolos verdes e precipícios oferecem-nos a única medida possível, além do metro, para definir um projecto. Mas qual era o metro? Ou o metro era a cor Sirena verde-ácido, talvez inconciliável com aquele rosa-Rosanna, ou Rossana que fosse, com a luz crua do lago onde a arquitectura, abandonadas a forma, a função e a sociabilidade cara aos burgueses, era apenas este quarto onde vencia o verde como na *Deposição* de Colmar, tão delicado era este rosa que desaparecia num branco anémico.

Mas a arquitectura, superada a função, e a história, e o sonho, e o sentimento, e a carne e o cansaço, tinha alcançado uma luz rosa verde, mas uma luz filtrada por tanta coisa a ponto de voltar ao branco, ou ao lago, ou à lonjura do lago.

Esta lonjura era como esquecer a arquitectura, mas onde para mim o esquecimento adquire um sentido quase de progresso: é como ter explorado aturadamente numa direcção a ponto de ter esquecido as próprias premissas, ter usado um instrumento qualquer que nos pudesse dizer mais alguma coisa sobre o mundo e embora o sentido daquilo que queríamos saber afinal se não revele, como que permanece o prazer da fadiga. Tentámos representar o precipício de um quarto lendário; e isto é muito, ainda que não o tenhamos conseguido.

Estas alturas e lugares não mensuráveis não pertencem apenas a um mundo onírico ou ético; o problema da medida é um dos problemas fundamentais da arquitectura.

Sempre associei à medida comprimento um sentido mais complexo, particularmente ao instrumento metro, o metro de madeira, dobrável, dos pedreiros. Sem este metro não há arquitectura, ele é um instrumento e um aparelho; o aparelho mais exacto para a arquitectura. Este sentido da medida e das distâncias fez-me gostar de modo muito particular do exame de topografia do professor Golinelli no Politécnico de Milão.

Passavam-se manhãs inteiras com os instrumentos a medir a Praça Leonardo da Vinci, talvez a mais feia praça do mundo, mas certamente a mais medida por gerações de arquitetos e de engenheiros milaneses. Ora, acontecia que, sendo as medições feitas na Primavera e com alguma falta de vontade e por mil e uma razões que não se traduziam nas probabilidades da inexactidão, era frequente as triangulações não fecharem. A forma final da praça era uma forma absolutamente original; e eu encontrava naquela incapacidade para fechar estas triangulações, não apenas e certamente a nossa incapacidade e indolência, mas também qualquer coisa de mítico, como que mais uma dimensão para o espaço. Talvez seja destas experiências que nascem os primeiros projectos, os da ponte da Trienal e do monumento em Segrate. O triângulo fechado era uma afirmação voluntarista de uma geometria mais complexa que, por outro lado, ao resultar irrepresentável apenas podia expressar os dados mais elementares. A união de técnicas diferentes até ao ponto de uma espécie de realização-confusão sempre me impressionou; trata-se do limite entre a ordem e a desordem e até isto do limite, o muro, é um facto matemático e murário. Também o limite ou muro entre cidade e não-cidade fixava duas ordens diversas. O muro pode ser o sinal gráfico, a diferença entre a grafia e a escrita, ou as duas coisas têm em conjunto um seu conteúdo próprio. O desenho do Monte Carmelo de Juan de la Cruz é talvez o melhor exemplo; creio tê-lo redesenhado várias vezes para o procurar compreender.

Realidade e descrição é um binómio complexo; frequentemente há nele uma obsessão que se sobrepõe a qualquer outro interesse. Estas obsessões nem sempre se concretizam na obra, pelo contrário, talvez nunca, mas estão entre as intuições mais importantes, a chave secreta de outros projectos. Nos últimos anos que trabalhei com o professor Hofer em Zurique estive muito ocupado com o *castrum lunatum*, uma forma de castro que o professor Hofer tinha descoberto nas cidades romanas da Suíça interior; entre as quais Solothurn. O estudo do *castrum lunatum* deveria ser o suporte para um projecto sobre o centro histórico da cidade que, partindo da tipologia romana, lhe interpretasse o desenvolvimento urbano. Era um projecto ambicioso, onde se juntava a paixão pela arqueologia e a conformação da cidade com um contributo projectual de novo tipo.

Esta junção nunca se deu completamente apesar dos notáveis esforços desenvolvidos pelos nossos grupos. Estava encantado com Solothurn, com as torres, o rio, as pontes, os velhos edifícios de pedra cinzenta. Acompanhávamos a forma em lua nas fundações das casas, húmidas e gélidas no frio centro-europeu; era a forma da lua que aparecia sobre

Solothurn nas noites frias; nesta relação centro-europeia vejo semelhanças com as recordações de Colmar e de Friburgo. Mas este *castrum lunatum* tornava-se cada vez mais inexpressável em projecto ou em qualquer outra expressão; talvez fosse obra de algum general romano que havia previsto as maneiras para que nunca mais fosse atravessada. Solothurn, tal como Nevers, como Colmar, como Trieste, estava ligada ao ponto limite da arquitectura.

Anos mais tarde, na passagem por New England, haveria de encontrar uma dificuldade mais longínqua mas mais familiar; tanto que os projectos cresciam como que por imitação.

Sempre afirmei que os lugares são mais fortes do que as pessoas, que a cena fixa é mais forte do que o acontecimento. Esta é a base teórica não da minha arquitectura mas da arquitectura; em suma, é uma possibilidade para viver. Comparava tudo isto com o teatro; as pessoas são como os actores quando estão acesas as luzes do teatro: são envolvidas num acontecimento a que poderão ser estranhas e a que, no fim, serão sempre estranhas. As luzes da ribalta, a música, não são diferentes de uma tempestade de verão, de uma conversa, de um vulto.

Mas muitas vezes o teatro está apagado e as cidades, como grandes teatros, vazias. É até comovente que cada qual viva um seu pequeno papel; por fim, o actor medíocre ou a actriz sublime não poderão alterar o curso dos acontecimentos.

Nos meus projectos sempre pensei nestas coisas e, precisamente do ponto de vista construtivo, na contraposição entre aquilo que é frágil e aquilo que é forte. Entendo isto também em sentido estático, de resistência do material.

É certo que embora muitas vezes tenha falado em descrição da arquitectura na verdade sempre remeti a descrição para o projecto. Desde há muitos anos que me é mais fácil desenhar, ou melhor, usar aquela espécie de grafia entre o desenho e a escrita, aquela grafia de que antes falei.

Procurei aqui, por várias vezes, descrever um projecto, uma casa urbana, uma estação, etc., mas sempre quedando-me numa dimensão que não é clara, entendida numa dimensão não construível.

Pensei colocar no final destas notas a descrição de alguns dos meus projectos. «Alguns dos meus projectos» é de facto o título preferido para as minhas conferências, a começar pela do Politécnico de Zurique, traduzida por Heinrich Helfenstein.

Aqui, pensei escolher estes «alguns» em sentido muito estrito, como «projectos de afeição». Por isso pensava iniciar a lista com «Projecto de *villa* com interior». A natureza deste projecto estava ligada à sua história e a fotografias de coisas existentes a que o arquitecto se referia. Fiz este projecto no Outono de 1978; creio que, dos meus, fosse um dos melhores; a última acção ou o último projeto parece-me sempre o melhor. Os desenhos e as fotografias são talvez menos significativos, mas isto, porém, representava a vontade de já não desenhar a arquitectura, mas de a retomar a partir das coisas e da memória.

Na realidade, este projecto, tal como estas notas, fala da diluição da disciplina; isto não difere muito das observações que fazia no início deste texto, quando falava de um dia em que observava uma ponte antiga sobre o rio Mincio.

Quanto vejo de verdade nisto, não sei. Talvez pertença também a esta consciência de que as grandes coisas estavam já historicamente impedidas e que a limitação do ofício é uma forma de defesa.

Senão, deveremos superá-lo, o que não significa abandoná-lo – mas em época moderna raramente isto aconteceu; na arquitectura, certamente com pessoas como Gaudí. O Parque Güell de Barcelona produz sempre em mim esta sensação de ruptura com as leis da estática e do bom senso e, de criar aquele bosque de colunas de que Hölderlin fala. Um bosque de colunas teria podido tê-lo Boullée, mas não com a mesma obstinação, talvez.

Nos meus últimos textos procurava explicar tudo isto mediante a teoria do abandono.

Apenas este verão vi pela primeira vez ao vivo a abadia de San Galgano, na Toscana, que é, talvez, o exemplo mais comprovado de uma arquitectura tornada natureza, onde o abandono é o início do projectar, onde o abandono se identifica com a esperança.

Uma autobiografia científica deveria, quase certamente, falar mais da minha formação passada e recente na arquitectura; mas creio que estas notas, de Santiago de Compostela à ponte sobre o Mincio, a San Galgano,

exprimem bem aquela que foi a minha participação, de forma activa e teórica, na arquitectura; reconhece-se, frequentemente, no objecto e na geografia, num objecto doméstico ou numa fotografia do Pártenon ou da Mesquita de Bursa. Viagens de família e privadas, públicas ou científicas, no sentido de que, hoje, considero todo o passado e o presente e cada desenho merecedores da afirmação ou da observação, ainda que distraída.

É-me difícil comparar-me com os meus contemporâneos porque cada vez me apercebo mais da diferença de lugar e de tempo.

Foi esta a minha primeira intuição da cidade análoga, que se desenvolveu como teoria.

Creio que o lugar e o tempo sejam a primeira condição da arquitectura e, portanto, a mais difícil. Interessei-me pela escrita racionalista mas penso que talvez aquele tipo, ou chamemos-lhe estilo de arquitectura, está ligado ou a um edifício para crianças, ou a uma *villa* em Varese ou a um bloco habitacional em Belo Horizonte. Uma estranha recordação ou experiência do racionalismo, mas também e sempre a consciência de que a realidade apenas podia ser colhida de um único ponto de vista; isto é, que a racionalidade ou um mínimo de lucidez permitia, seguramente, analisar o aspecto mais fascinante: o irracional e o não expressável. Mas por uma questão de higiene mental, de educação ou de natureza, sempre desconfiei daqueles que faziam da irracionalidade a sua bandeira; pareciam-me quase sempre os mais impreparados e sobretudo os que, precisamente, não podiam captar o irracional. «Passeando uma noite numa floresta aconteceu-me ver a sombra das plantas...»; esta passagem de Boullée permitia-me compreender a complexidade do irracional em arquitectura. Em posição oposta pareciam-me estar os alfaiates, os decoradores, os fotógrafos de moda, gente diversificada que nada tinha a partilhar com o irracional e com o fantástico. Assim, o bloco residencial de Belo Horizonte, cheio de vida, de calor, de vida intensa, repetia o mesmo ritmo das catedrais barrocas, isto é, permitia que as coisas se sucedessem e este era um aspecto da arquitectura; não a beleza, não a catedral de Bursa, onde me perdia, era sim a continuação da *insulae*, o espaço das gentes.

O Pártenon, Atenas.

Basílica de Sant'Andrea em Mântua, Leon Battista Alberti, projetada em 1470.

Ao engenheiro está reservado este objectivo, talvez; na realidade bem modesto, mas que dificilmente consegue abandonar. Desenhava os faróis do Massachusets e do Maine como objectos da minha história; e era a minha história não literária ou sentimental, criada nesta paisagem sobre os passos do capitão Ahab, mas era ainda a fixação do lugar, o volver à água e à torre.

A analogia é tanto mais infindável quanto mais permanece imóvel e neste dúplice aspecto há uma desmesurada loucura. Creio ter listado as poucas obras construídas que me impressionam, como o Templo Malatestiano de Rimini ou Sant'Andrea de Mântua, porque há nestas obras qualquer coisa que se não pode modificar e que simultaneamente sintetizam o tempo.

O sinal das pessoas, das coisas sem significado e que afirmam não poder mudar; esta mutação acontece, com efeito, mas é sempre terrivelmente inútil. As modificações são intrínsecas ao próprio destino das coisas uma vez que na evolução há uma singular fixação. São talvez estes os materiais das coisas e dos corpos e, portanto, da arquitectura. A única superioridade da coisa construída e da paisagem é esta permanecer para além das pessoas.

É certo que sempre quis descrever os meus projectos; não sei se é melhor que a descrição se faça depois ou antes do facto. É como no testemunho, num delito ou num amor.

Um projecto é uma vocação ou um amor, em ambos os casos é uma construção; podemos deter-nos perante a vocação ou o amor, mas permanece sempre esta coisa não resolvida; acontece-me isto nos jardins públicos de Ferrara ou nos de Sevilha, onde penso que qualquer solução seria válida e, na realidade, apenas consigo referir palmeiras, sobretudo em Sevilha; ou num mundo da planura do Pó, como em Ferrara, entre o vivido, a imagem e as tardes perdidas.

Esta autobiografia dos meus projectos é o único modo para poder falar dos meus projectos, embora nenhuma das duas coisas tenha importância.

Significa talvez esquecer a arquitectura e provavelmente já a havia esquecido quando falei da cidade análoga ou em cada vez que repeti

"La Favorita", nos arredores de Mântua.

neste texto que qualquer experiência me parecia definitiva e que me era difícil determinar um antes e um depois.

Embora sempre tenha afirmado que cada coisa é um desenvolvimento, ou o contrário, na verdade, nestes dias, ao aparecer vindo da água da ria veneziana este teatro colocado sobre uma jangada, revejo o cubo de Módena ou o de Cúneo.

Mas era esta fixação inicial uma condição do desenvolvimento? A coação para repetir é também uma falta de esperança e parece-me agora que fazer a mesma coisa para que resulte diferente é um exercício tão difícil quanto observar e repetir as coisas.

É certo que nas vicissitudes de um artista ou de um técnico as coisas mudam tal como nós próprios mudamos. Mas o que significa esta mudança? Sempre considerei a mudança a caraterística dos cretinos, moda excluída. Um modo de não-consistência; assim como quem se define moderno ou contemporâneo. Gostava da ciência, da repetição e de como tudo isto acabasse na exclusão; assim como gostava da estupidez, da esperteza de taberna, preferia o vazio de uma noite alegre à meditação tonta; era ainda o azul celeste Sirena, ou o verde de um caixeiro-viajante ou de um jovem perante outra estupidez do restauro.

É assim que ainda agora me comporto.

É seguramente mais difícil estabelecer ou conhecer os limites mais autênticos destas coisas a que chamei estupidez e inteligência; também estas são projeções, tal como a beleza e tudo o mais. Fora de uma normativa e de uma construção das coisas, será certamente difícil avançar; por isso e durante muitos anos cingi-me à disciplina, aos tratados, às regras e não por conformismo ou necessidade de ordem, pelo contrário, se tivesse de fazer um quadro psicológico acho que tudo isto é mais forte agora, porque via os limites, tantas vezes estúpidos, de quem saía desta ordem.

Se num dia de nevoeiro, quando o nevoeiro entra em Sant' Andrea de Mântua, entrardes no templo, dar-vos-eis conta de que nenhum espaço se aproxima tanto do campo, precisamente o da Baixa Padânia, quanto este espaço dimensionado.

Este é um tema que sempre me apaixonou ainda que agora me pareça encontrar outros graus de liberdade; uma liberdade, porém, que me separa completamente da dos meus contemporâneos porque a máxima liberdade me leva a continuar a gostar da ordem, ou duma desordem sábia e sempre motivada.

Era a construção interrompida, o palácio abandonado, a aldeia esquecida na montanha, e o material que se deformava no tempo; o *nonsense* originário, mas também adquirido, da Favorita de Mântua juntamente com pequenos artifícios, restauros, reparações de construções; tudo isto se aproximava de um possível modo de ser, como as flores de plástico que mantêm a forma da rosa e oferecem uma beleza diversa daquela de quem, estupidamente, afirma que nasceu uma nova beleza. No projeto para o centro direcional de Florença colocava nas praças reproduções de estátuas, como o David em alabastro, destinadas ao turismo; sempre a pensar que a cópia não se despega do original, que nas cópias dos quadros de Veneza, com iluminação incorporada, colocadas em cozinhas pobres mas arranjadas, entre os retratos de família, este David e esta Veneza repetem o mistério do teatro onde pouco nos importa a execução. Detestamos os realizadores que desvirtuam o texto e ignoram os tempos; esta é uma das regras fundamentais da arquitectura e do teatro, o rito e, portanto, o momento em que se executam as acções. Assim são os lugares da cidade.

Pensava em tudo isto durante este outono veneziano ao construir e ao viver o Teatro do Mundo, esta singular construção que me tornava feliz e onde reencontrava antigos fios da experiência, e recentes, da minha história.

Da água surgia, talvez, também o cubo de Módena ou o de Cúneo, mas a fixação havia-se tornado uma condição de desenvolvimento. A coação para repetir pode ser uma falta de esperança, mas parece-me agora que continuar a refazer a mesma coisa para que resulte diferente é mais do que um exercício, é a única liberdade para encontrar. Deverei agora ver os meus projectos em sucessão, à luz do inacabado e do abandono ou seguindo o imprevisto de um outro acontecimento?

Parece-me que o acontecimento constitui a novidade da coisa e por isso falava de um concurso, de um lugar ou de um momento.

A propósito do projecto da *villa* sobre o Ticino falava de uma condição de felicidade; será esta, talvez, uma técnica?

Não é seguramente transmissível a não ser por algum carácter ou acontecimento privado; mas por outro lado, o acontecimento transmite-se à obra. Talvez apenas a pior academia fique indiferente aos acontecimentos da vida; só que alguns sabem-no expressar, outros não. O que mais me surpreende na arquitectura, como noutras técnicas, é a vida do projecto; neste caso, da construção, até mesmo se exista uma vida do projecto escrito ou desenhado.

Deverei falar agora das minhas obras construídas, que são certamente poucas, mas que talvez constituam o ponto central da sua biografia ou autobiografia, se as identificar como uma parte de mim mesmo.
    Não há fotografia de que tanto goste como a de Fagnano Olona, na qual as crianças estão imóveis na escada sob o grande relógio; aqui, o tempo apresenta-se de um modo particular e é, todavia, o tempo da infância, da fotografia de grupo, com tudo o que de divertido a fotografia de grupo comporta. O edifício tornou-se puro teatro, mas teatro da vida, ainda que já previsto.
    Porque no edifício tudo está previsto e é esta previsão que permite a liberdade; é como um encontro, uma viagem de amor, umas férias e tudo aquilo que está previsto para que possa acontecer. Embora gostando do incerto, sempre pensei que apenas pessoas mesquinhas e com pouca fantasia são contrárias a uma relativa organização. Porque só esta organização permite os contratempos, as variações, as alegrias e as desilusões; é um facto, todavia, que eu antevia este teatro-escola quanto aos factos quotidianos e as crianças que brincavam eram a casa da vida, contraposta ao outro grande projeto da casa da morte, o cemitério de Módena. Mas também este último tem uma sua vida que decorre no tempo; ainda muito antes de estar completo torna-se imprevisível nas fotos amarelecidas, nas flores de cera, na devoção dos vivos, nas luminosidades imprevistas do frio e do calor das estações.

Entre a casa da infância e da morte, a casa do espetáculo e do trabalho, está a casa da vida quotidiana a que os arquitectos deram tantos nomes: residência, lar, o viver em geral, como se o viver acontecesse num só lugar.
    Na minha vida ou profissão perdi, em parte, o conceito de um lugar fixo e por vezes sobreponho situações e horas diferentes; o que, precisamente, me levou a reflectir sobre a pátria ou o conceito de pátria; isto parece-me muito importante para compreender a arquitectura.

É um facto que a pátria pode ser também somente uma estrada ou uma janela; e não é dito que a pátria possa ser reconstruida e muito menos que esteja em contradição com o cosmopolita (*Weltbürger*) referido por Goethe.

Mas é difícil exprimir este conceito que me levou à ideia de «projeto de *villa* com interior».

Sim, gosto acima de tudo dos pequenos restauros desta casa no lago onde a arquitectura, ou o conjunto das coisas que constroem uma casa, se funde com a vida por necessidade, por motivos funcionais, por um indefinível elemento que sobrepõe vultos em redor da mesa como um ininterrupto presente.

A grande mesa de granito, a minha última construção, ainda é o belo pedaço de pedra que o meu amigo extraiu da pedreira. Até a casa, com todas estas suas coisas, ou instrumentos, móveis ou aparelhos, é um aparelho, por definição e necessariamente – talvez apenas pelo seu ser no tempo – é, indiferentemente, aparelho de morte ou de vida.

Parece-me compreender melhor, agora, os projectos concluídos ou de os finalizar melhor quando as suas motivações se afastam.

No apego à imagem, parece-me que a vida desta imagem, ou de uma coisa, ou de uma situação ou de uma pessoa, constitui uma condição que impede exprimi-la. Ou seja, tudo isto é representável quando, usarei este termo que pode prestar-se a muitas confusões, o desejo está morto. Assim, quase paradoxalmente, a forma, o projecto, uma relação, o próprio amor separa-se de nós e só é representável quando o desejo cessa. Não sei o quão isto seja alegre ou melancólico, mas o certo é que o desejo é qualquer coisa que está antes ou que vive, em geral, apenas no presente; não pode coexistir com nenhuma técnica nem com nenhum rito. Por vezes penso que a melhor situação é sempre a de viver qualquer coisa em que o desejo está morto; por isso gostava dos projectos académicos, como o projecto para o Teatro de Parma, no qual me prefixava um exercício perfeito em si, em que cada descoberta era pura afinação técnica, em que as motivações da acção estavam, por assim dizer, reveladas. Posso aqui voltar às técnicas dos Montes Sagrados e à repetição das cenas onde

Uma palmeira sobre o lago.

vez após vez existe, sim, emoção, mas que é, precisamente, a prevista. No *Don Giovanni* de Mozart a mesma citação de uma outra ópera do autor não representa tanto a chave da personagem, obrigada à coação da repetição, mas um diferente grau de liberdade. Assim, agrada-me a citação, do objecto ou também da minha vida, e uma descrição ou estudo, ou levantamento, daquilo de que não sei em que medida entrará directamente na minha obra.

Às vezes aplicava este método a algumas obras de arquitectura e, para além da minha teoria sobre a arquitectura e a cidade, o princípio da descrição foi para mim um facto formador de primeira ordem que ainda procuro seguir se bem que as coisas tenham, para mim, mudado um pouco; ou talvez estas descrições precedentes se estejam a exprimir noutras arquitecturas.

Transcrevo agora uma breve descrição do Duomo de Milão que retomo dos meus cadernos azuis, uma espécie de diário ou de apontamentos que tomo com uma certa regularidade; a descrição é de 1971 e muitas vezes quase me parece um projecto meu e de facto é, tal como são obras nossas todas as obras que vivemos.

«Experiência notável, a da arquitectura do Duomo de Milão, onde não subia há muito tempo; que está relacionada com a questão do alinhamento dos elementos e, naturalmente, com a verticalidade. Saídos da escada, percorre-se um longo corredor a céu aberto. O corredor corta os arcos botantes mediante estreitas portas retangulares que se sucedem com o ritmo dos arcos. Os arcos botantes servem para a drenagem das águas da cobertura quase plana e servem-se das gárgulas, no perímetro. O plano da cobertura é como uma pequena praça em pedra. Estudar a dimensão da pedra. Nas fachadas laterais, a dimensão da arquitectura é dada pelos contrafortes a pique e pelo basamento. O basamento é um notável exemplo de *contaminatio* em arquitectura que se não encontra em nenhuma outra obra gótica. (Na realidade, nesta obra revela-se toda a insuficiência da denominação estilística). Em suma, não difere muito dos estilóbatas que circundam o templo de Fortuna Viril, os templos de Augusta, em Nimes e em Pola, e de tantos outros (Rocco, notas sobre as origens do Duomo). Os contrafortes constituem uma sucessão regular. Veem-se como que paralelepípedos que seccionam perpendicularmente a fachada lateral. Os contrafortes assentam no basamento, que é contínuo. A intervenção de Pellegrini na fachada é fantástica; a solução está na dimensão das portas e na exaltação dos elementos contidos nelas. Apenas esta agitação podia, de algum modo, relacionar-se com a multitude de elementos da catedral. Na fachada, quando das festividades religiosas, suspendem-se quadros e paramentos vermelhos e azuis».

Estes elementos estilísticos não tiram, pelo contrário, aumentam o carácter da grande fábrica: o Duomo é a «fabrica del dôm» e, portanto, a arquitectura por excelência, como a «cà granda» é a casa que se constrói para todos e, portanto, não pode terminar.

Esta estrutura, no fundo quase elementar – os contrafortes constituem uma sucessão regular e veem-se como paralelepípedos que seccionam perpendicularmente a fachada lateral –, oferece a possibilidade de avançar por dentro e sobre a cidade; o passeio sobre a cobertura do Duomo é de facto uma importante experiência de arquitectura em sentido urbano. Pessoalmente, creio ter sido muito tocado ao longo do tempo por estas secções perpendiculares à fachada lateral; elas reaparecem, também através deste percurso, no projecto de Módena e no de Fagnano Olona. Uma situação repetitiva de percursos que é abalada por uma miríade de factos, estátuas, pináculos, a que se segue no chão um basamento romano, contínuo, alto, livre como uma pequena construção autónoma. Observo frequentemente este basamento e interrogo-me que outro templo poderia nele assentar; talvez o Templo previsto por Pellegrini com a exaltação e inclusão de grandes elementos. Esta exaltação, que sobressai da fachada de tijolo, uma espécie de secção vertical, de inacabado, era a intervenção possível num edifício que, precisamente, não podia ser concluído.

Esta ideia do não concluído ou do abandonado seguia-me por todo o lado mas de forma totalmente diversa daquela defendida por parte da arte moderna; no abandonado existe um elemento de destino, histórico ou não, e um grau de equilíbrio. Reencontrava-o na própria definição do Duomo como a «fabrica del dôm», e aqui, fábrica, a meu ver, não tanto no sentido clássico, albertiano, mas no sentido de coisa que se está a fazer ou que se faz pura e simplesmente sem um fim imediato. Estas secções não concluídas regressavam na «fábrica» da casa do estudante de Chieti; também aqui compreendia que o edifício para corresponder às mutações da vida devia fabricá-la e por ela ser fabricado.

Mas existe também uma beleza singular nestas paredes de tijolo que assinalam o limite da casa; os exemplos mais impressionantes são certamente os Brantmauer em Berlim quase sempre negros e sulcados por rasgos, como feridas. Ou ainda nos edifícios de Broadway onde as grandes cornijas são partidas revelando claramente as suas secções, o seu desenho. Precisamente em Nova Iorque a aplicação em escala gigantesca da arquitectura Beaux-Arts produz estes efeitos abnormes, arquitecturas sólidas e impetuosas, de tipos inesperados, uma beleza que observamos já com um olhar arqueológico; feita também de ruínas, de desmoronamentos, de sobreposições.

Em alguns dos meus desenhos nova-iorquinos procurava exprimir este conceito ou emoção; por exemplo, em *Cedimentos terrestres* de 1977. Não quero interpretar estes desenhos para que eu próprio me não torne, também, mecânico; mas aqui, não há dúvida de que o elemento pessoal, quase privado, se junta a uma investigação de uma arquitectura que não é necessariamente ruina, mas onde, como escrevi ao lado do desenho, as imagens seguem em diferentes direções, até a dos desmoronamentos terrestres. As imagens são as da repetição, das casas vazias ou abandonadas, de emaranhados de ferros que não sustêm já nada. Mas em *Outras conversações* de 1978 a ordem não se reencontra mas é como que suportada por pilares, estradas, pontes. Aqui, naturalmente, o significado das outras conversações escapa ao aspecto público, embora pareça esculpido nas pedras de uma hipotética escarpa.

Vejo que mais uma vez a chamada à cidade me sugere uma leitura da minha arquitectura e seguramente da arquitectura em geral; no entanto, creio possuir uma condição privilegiada ao olhar, ao observar. A minha posição é mais de engenheiro do que de psicólogo, de geógrafo; agrada-me perceber a estrutura em grandes linhas e depois pensar como se podem cruzar estas linhas. Não é diferente da vida e das relações; o núcleo de um facto é sempre bastante simples e até quanto mais simples mais destinado está a embater nos acontecimentos que ele próprio produz. Vem-me à cabeça uma frase de Hemingway que achei assustadora e no entanto fascinante: «Todas as coisas verdadeiramente maldosas nascem de um instante inocente». Não me interessa comentar esta frase que pode também ter o defeito de uma grande frase; mas importa-me conhecer este núcleo para saber em que medida os seus desenvolvimentos são, por assim dizer, internos e em que medida são induzidos: deformações, desmoronamentos, modificações.

Desde criança que era atraído por estes factos centrais que também me pareciam explicar as personagens secundárias de um acontecimento; e também o modo como os corpos e os materiais reagem ao seu próprio desenvolvimento. Existe na arquitectura qualquer coisa de análogo, por exemplo nas arquitecturas coloniais; e este é um dos factos que tão profundamente me impressionou no Brasil; a visível transformação dos homens e das coisas a partir do seu núcleo primordial. Por exemplo, fiquei impressionado com uma igreja de Ouro Preto onde o retábulo tão fortemente significava ser fachada, mais do que um fundo, porque na realidade se trata de uma fachada como em qualquer cena, para ser percorrível por detrás. Por outras palavras, este retábulo era formado por autênticos e verdadeiros palcos a diferentes alturas, o que também pressupunha diferentes entradas na igreja.

Imagino as observações históricas, as sociológicas, etc., sobre este facto, mas o que me importava, para além da própria invenção tipológica, era a deformação do núcleo central; afinal, o esquema da igreja.

Este interesse tinha-me levado, na tenra infância, a procurar compreender questões de biologia e de química porque sempre pensei que a mente e o corpo do homem estavam muito ligados à sua fantasia. Ainda hoje tenho muito mais interesse por um qualquer livro de medicina que por um texto de psicologia, sobretudo daquela psicologia literária que foi moda nos últimos anos. Explicar as doenças com factos psicológicos também sempre me pareceu uma direcção falsa; a doença depende de uma série de defesas e resistências do material que têm em conta quer a sua natureza originária quer a sua história, ou a mecânica da sua história.

É por isso que nestes últimos anos tive particular interesse pelos livros de imunologia. A definição de Ivan Roitt em *Essencial immunology* impressionou-me profundamente: «Memory, specificity and the recognition of "non self" – these lie at the heart of immunology». A memória, a especificidade e a capacidade para reconhecer as estruturas químicas estranhas à própria constituição individual podem ser consideradas os aspectos peculiares da imunologia. Memória e específico como características para reconhecer a si próprio e aquilo que lhe é estranho pareciam-

-me as mais claras condições e explicações da realidade. Não existe um específico sem memória nem uma memória que não provenha de um momento específico; e apenas esta união permite o conhecimento da própria individualidade e do contrário (*self* e *non-self*).

Durante alguns anos tudo isto parecia responder às minhas perguntas, ao meu interesse pelas coisas e, digamos, também pela arquitectura. A memória construía-se sobre o próprio específico, e o que se construía estava ou não defendido, mas conseguia reconhecer as estruturas estranhas.

Era esta a relação do homem com a cidade, com a construção do seu microclima, com a própria especificidade.

Desde há algum tempo, embora esteja mais envolvido nas coisas, abandonei o que me é estranho: a pesquisa talvez seja apenas aquilo a que Stendhal chamou a pesquisa da felicidade e ela concretiza-se em relação com um lugar que não é o lugar do possível mas o lugar do acontecimento. Assim, continuo a observar as coisas, mas a própria fixação é o desenvolvimento de uma capacidade individual e permite-me alcançar novos resultados.

Quais resultados? Por exemplo, nos projectos para dois concursos, para o Palácio da Razão em Trieste, em 1974, e para a casa do estudante igualmente em Trieste e no mesmo ano, muitos dos motivos estranhos à cidade eram recolhidos, por assim dizer, no corpo de Trieste. Poderei falar do meu relacionamento com as cidades como também com as pessoas; mas em certo sentido as primeiras são mais ricas porque contêm também as pessoas, seguramente verdadeiro quando numa cidade se deu um certo acontecimento. Tais relações estão fixas numa recordação que é superada pelo símbolo; antes do actual *boom* turístico era a fotografia amarelecida da viagem de núpcias, geralmente a Veneza, que enfeitava o aparador da cozinha ou da sala. Estes pontos de conexão entre a história pessoal e a social sempre me pareceram carregados de significado. Hoje, há o gosto de recolher em álbuns estas fotografias que, no entanto e frequentemente, perdem o seu valor porque nos fornecem produtos confeccionados pela indústria editorial que tanto nos desagradam.

Ora, o projecto da casa do estudante segue-se, à distância de pelo menos dez anos, precisamente àquele período precedente em que, com frequência, estava em Trieste; como se fosse a velha fotografia, mas entretanto havia crescido, como um sentimento que juntava muitas coisas. Entre a casa do estudante de Trieste e a de Chieti decorrem dois anos, esta última é de 1976, e embora com diferença nos resultados, existem analogias ligadas à experiência.

Para estudar a casa triestina subimos ao velho hospital psiquiátrico, então já aberto, e que confinava com o terreno do concurso. Recordo que o encontro com esta comunidade já livremente organizada foi para mim verdadeiramente único e muito mais interessante do que aquilo a que se chama «visita ao terreno». Entre as minhas paixões, como cidadão, tenho um grande respeito, de partilha poderei dizer, por esta obra de autêntica libertação nestes antigos lugares de prepotência; a prepotência sobre a mente sempre me pareceu pior do que a física embora os dois aspectos, sabêmo-lo, muitas vezes se unissem. Ora bem, no encontro com estas pessoas recordo perfeitamente que de início houve um mal-estar recíproco, uma situação desconfortável, até de temor, se quiserem. Mas de imediato nos demos conta, muito melhor do que os livros possam ensinar, que este temor era simplesmente o uso de dois comportamentos diferentes que rapidamente se alinhavam. Julgo não estar a divagar demasiado relativamente à minha arquitectura e à obra de que estou a falar; também para compreender a arquitectura devemos ir além deste comportamento, e tipo de educação, um conjunto de questões a que quererei chamar estilo. Não propriamente o estilo arquitectónico em sentido técnico (o coríntio ou o dórico), mas a presença que os grandes edifícios têm em nós e na história; tal como muitos se espantam que eu admire obras de Gaudí, como o Parque Güell de que já falei, ao mesmo tempo que me não interessam obras aparentemente muito mais semelhantes às minhas. Isto tornou-se certamente mais claro no projecto de Chieti.

Pois bem, falando com as pessoas do ex-hospício, o projecto da casa do estudante fundia-se com este projecto de cidade, em boa parte aérea, onde os jovens estudantes e os ex-hospiciados, que deviam reconstruir uma casa para si, se fundiam nesta arquitectura-cidade. E parecia-me aérea por causa deste terreno fortemente declivoso de Trieste onde o mar está presente até à rocha do Carso. Poucas cidades podem ser abarcadas do alto como Trieste e de igual modo poucas são as cidades onde se pode caminhar ao longo do porto e percorrer os cais com uma sensação de festa; talvez em Nova Iorque na zona de West Side Highway onde, com os estudantes do Instituto, estamos a terminar um projecto análogo. Análogo seguramente nas diferenças; aqui, passaram a pontes os antigos *piers* de madeira e ferro que entram no Hudson e estão separados da cidade pelas antigas e, em muitos casos, desmoronadas vias elevadas. É aquela que chamei zona de arqueologia industrial, também aqui, tantas vezes, com comportamentos que não coincidem com os mais habituais. No projecto de Nova Iorque há casas construídas sobre os *piers* e às vezes deixam-se as velhas construções, longos armazéns de ferro e tijolo com inacreditáveis frentes paladianas. Estes armazéns deveriam ser os centros colectivos, que em Trieste estão englobados no edifício sobrestante. À linha do Carso corresponde o *skyline* de Nova Iorque que é aproximadamente como uma montanha com estratificações onde a engenharia representa melhor que em qualquer outra parte o bulício social, étnico e económico.

A parecença destas cidades não é assim tão insólita e não apenas pela presença do mar; têm também, por excelência, uma referência na cidade, construída sobre o mar, que é Veneza.

Procuro nunca falar de Veneza embora nela ensine e, portanto, aí viva com regularidade desde há quase 15 anos; é até estranho que em Veneza, relativamente a mim, se tenham desfeito tantos acontecimentos e que eu lhe seja também relativamente estranho; mais do que em Trieste, ou Nova Iorque ou ainda em muitas outras cidades.

Mas falo agora de Veneza porque é o momento do meu último projecto: o teatro flutuante da Bienal de 1979/80. Gosto muito desta obra e dela até poderei dizer que exprime um momento de felicidade; talvez porque todas as obras, por exprimirem um momento de realização, pertencem àquela estranha esfera a que chamamos felicidade. Quererei fazer notar que esta obra me impressionou pela sua vida; isto é, na sua formação, no modo de estar na cidade e no que diz respeito ao espectáculo. Enquanto escutava, na noite da abertura, algumas músicas de Benedetto Marcello e via gente passar nas escadas e apinhar-se nas bancadas, apreendi um efeito que apenas genericamente tinha previsto. Estando o teatro sobre a água, via-se da janela a passagem dos vaporetos e dos navios como se estivesse a bordo de outro navio e estes outros navios entravam na imagem do teatro constituindo a verdadeira cena fixa e móvel. No texto sobre esta construção, Manfredo Tafuri disse – retomando uma minha observação sobre a influência da arquitetura de faróis nas costas do Maine – que o farol, mais propriamente visto aqui como casa da luz, é feito para observar mas também para ser observado. E esta observação, aparentemente simples, deu-me a interpretação de muitas das minhas arquitecturas; todas as torres eram feitas para observar, mas ainda mais para ser observadas. Os meus desenhos intitulados *A janela do poeta em Nova Iorque*, onde era referida a biblioteca da escola de Fagnano Olona, eram este observar do interior de uma paisagem onde podemos também, e não necessariamente, ser observados. Não haverá melhor lugar que um farol, uma casa da luz, literalmente *lighthouse*, situada sobre o mar, entre o mar e a terra numa zona limítrofe, praia, rocha, céu e nuvens. Talvez fosse esta, e é, a minha América, as casas brancas da Nova Inglaterra, os barcos, o Maine, tudo entrevisto já numa adolescência literária onde a casa era o navio *Pequod* e o sentido da pesquisa não podia ser senão um objecto branco também ele carregado de passado mas talvez já e para sempre falho de desejo. Em rapaz pensava que também o capitão Ahab trabalhasse no seu ofício desapossado de desejo ainda que a falta de desejo fosse uma necessidade. E tudo isto não podia senão ser branco na casa, no mar, na terra, no monstro.

As varandas das viúvas nas casas da Nova Inglaterra repetem o rito grego de perscrutar no mar o que não é repetível; é a substituição da dor pelo rito, tal como a fixação substitui o desejo. Do mesmo modo, esta repetição do tímpano não repete o acontecimento, porque o acontecimento pode não se ter dado; estou mais interessado na propensão, ao que podia acontecer numa noite em pleno verão.

Por isso a arquitectura pode ser bela antes mesmo do seu uso; é a espera, o quarto matrimonial preparado, as flores e as pratas antes da missa solene.

Esta era a primeira ideia do Teatrinho científico, ligada à sua comédia *Die nicht Versohnt*, os não reconciliados, já que servia a quem se não podia reconciliar após o acontecimento, mas talvez e sobretudo porque era dedicada a quem não podia reconciliar-se uma vez que o acontecimento não se tinha dado. Os não reconciliados não são necessariamente a outra face dos regressados ainda que gostasse de ver misturadas estas

Farol de Brant Point, Nantucket.

duas comédias. Os não reconciliados pode ser um modo de ser. E aqui se inseria e crescia a minha arquitectura, onde as analogias já não se sucediam como as figuras do baralho de cartas – o rei, o valete, o louco, o cavaleiro – mas recompunham um mundo onde as coisas se contrapunham. Mas *inside* e *outside* são também o sentido do teatro e, para mim, a concha duma praia americana dava-me, nas suas palavras, o outro sentido da concha de Alceu, que me havia estimulado para a arquitectura: «ó concha do mar/filha da pedra e da branca espuma do mar/tu maravilhas o espírito das crianças».

Esta maravilha tem uma casca dura feita de pedra e modelada pelo mar tal como uma casca das grandes construções de aço, de pedra, de cimento, que formam as cidades.

A partir disto aprendi a arquitectura e repeti desenhos procurando os nexos da vida do homem.

Para lá da analogia via cada vez mais claramente que a beleza era o lugar do encontro entre substância e significados diversos. Nada pode ser belo, uma pessoa, uma coisa, uma cidade, se apenas significa si mesma, ou melhor, o próprio uso.

Assim, ultrapassei os aspectos mais banais, habituais, da arquitectura: velhas afirmações dos tratadistas filtradas pelo positivismo oitocentista, uma refinada beleza da função sem imagens de referência, a significar apenas si mesma.

Teria podido analisar tudo isto olhando do alto do terraço do Teatro veneziano que está acima do edifício da Alfândega; Veneza distanciava-se na direção de um mar já misterioso e a grande bola dourada não podia ser senão o início e o fim de cada viagem. Também o Teatro vinha do mar e estava na laguna como os navios nos portos; José Charters escreveu-me dizendo que a coisa que mais o tinha impressionado é precisamente este vir do mar e ser um elemento limítrofe entre o mar e a terra. Recordou-lhe o seu país e o que dizia o poeta nacional português: «Aqui, onde a terra se acaba e o mar começa».

Também o Teatro me parecia estar num lugar onde acaba a arquitectura e começa o mundo da imaginação ou até do insensato; e olhava para as figuras misteriosas em esverdeado-cobre que suportam e jogam com a bola dourada. E as suas junções e o lento movimentar-se da figura da Fortuna; as junções pareciam feridas bizarras, feitas no metal, partes recozidas num corpo único devidas a estranhas experiências cirúrgicas; tão estranho como sempre que via na passagem de um corpo humano a estátua. Aquelas figuras provinham de um jardim, quais figuras verdes de verdete e de verde vegetal e estranhas como sempre são as figuras verdes e as ervas verdes e amareladas que crescem entre as pedras cinzentas das catedrais junto do mar ou do oceano: na Galiza, em Portugal, na Bretanha. Assim é, também, a fachada de que talvez mais goste, a de Santa Clara em Santiago de Compostela, onde uma pequena estátua da santa está na parede de pedra escura sulcada pelo verde, tingida pelo verde como se fosse um verdete que escorresse, quase um desinfetante anómalo de uma fissura interna. E no centro a pequena santa, toda pintada, como uma boneca preciosa abandonada num lugar inacessível, como inacessível é a Fortuna veneziana, talvez pouco percetível no seu lento movimento, porque é preciso que ninguém capte o movimento da Fortuna.

A este verde contrapunha-se o ferro, de cor fria, da cobertura do Teatro; o metal via-se no cinzento da laguna e por cima dele estava a esfera e o contínuo tilintar da pequena bandeira metálica – era ainda a citação «im Winde klirren die Fahnen», mas era um tilintar quase abstrato, precisamente como o dos navios imóveis nos portos.

Porque me agradava isto tanto? Por ser um navio e como navio submeter-se àqueles movimentos da laguna, oscilações ligeiras, o subir e descer, de tal modo que nas galerias superiores haveria quem pudesse sentir um leve enjoo que perturbava a atenção e era aumentado pela linha de água que se via para lá das janelas. Abri estas janelas de acordo com a vista da laguna, a da Giudecca e a do céu. As sombras das pequenas cruzes da caixilharia recortam-se contra a madeira e estas janelas tornam o teatro semelhante a uma casa que, precisamente como os faróis, é um lugar para se ser observado mas também donde observar. O farol, a *lighthouse*, a casa da luz, são construções do mar e no mar; e eu vi-as, antigas, feitas de madeira, muitas de madeira pintada de branco, que se confundem com o oceano branco do Maine. Visito sempre os faróis; no cabo Espichel, em Portugal, estávamos junto da grande lâmpada até que, ao crepúsculo, a luz se acende; é muito importante o movimento rotatório descrito pela luz no plano horizontal e isto capta-se melhor estando perto, porque se capta a sensação de máquina, que a grandes distâncias se perde.

Estas observações são importantes para a arquitectura como o estudo do movimento das estrelas foi para os antigos e o dos relógios foi para Piermarini.

A torre do Teatro podia ser um farol ou um relógio, o campanário, o minarete ou as torres do Kremlin; as analogias são infindáveis e colocadas em confronto, nesta cidade análoga por excelência.

Estava talvez em Esmirna quando, nas minhas madrugadas de insónia, olhava e ouvia o despertar dos minaretes; ou a angústia das torres do Kremlin, onde sentia mais o mundo dos mongóis e as torres de vigia em madeira numa qualquer planície perdida, do que elementos redutíveis àquela a que chamamos arquitectura.

Eram por certo tantas coisas que seria inútil procurar mais; como a grafia dos desenhos, a luz de um retrato, o esquecimento de uma fotografia que vem à memória; o certo, é que apenas podemos julgar as operações que se completam.

Sobre o interior, alguns falaram das luminosidades de Carpaccio; não posso retomar aqui as posições, quase sempre muito belas, dos críticos; Tafuri, Portoghesi, Dal Co, Aymonino, Libeskind e todos os que se interessaram por esta construção. Mas agrada-me recordar uma opinião de Mazzariol em que se fala de uma Veneza pré-monumental, uma Veneza que ainda não fora tornada branca pelas pedras de Sansovino e de Palladio. A Veneza de Carpaccio que eu vejo na luz do interior, na madeira, como em certos interiores holandeses que recordam os navios e estão junto ao mar.

Esta Veneza de madeira estava também mais ligada ao delta do Pó, às pontes que atravessam os canais e de que a ponte da Accademia, embora oitocentista, dá melhor ideia do que a ponte do Rialto. Mas redescobrir esta Veneza apenas era possível com a intervenção de um determinado objecto: discretamente colorido, com uma tecnologia elementar mas segura, como uma barcaça ou, precisamente, uma máquina teatral.

Rafael Moneo chamou ao Teatrinho científico «a máquina milanesa» e o teatrinho científico antecedia estranhamente, casualmente, o Teatro veneziano. Mas este estava entregue a emoções mais propriamente teatrais, o palco, o pano de boca, as luzes, a cenografia. Por si mesmo era uma caixa com tímpano que recordava, como escrevi, o teatro de

Perfil de Veneza.

Roussel, os teatros padanos, o teatro branco da minha infância. A beleza do Teatrinho científico está no seu clima; aquilo a que chamei a magia do teatro.

Ora, no Teatro veneziano, a argúcia é dada por uma insólita mistura de tipologias: o anfiteatro e a galeria, o percurso das escadas à vista, um palco onde a cena central é uma pequena janela donde se vê o canal da Giudecca. Mas este pequeno palco é um lugar singular onde o actor está cercado pelo público. Tony Vidler deu-me o livro de Frances Yates *Theatre of the World* com uma bela dedicatória: «For A. from the theater of the memory to the theater of science».

É verdade que o Teatrinho científico era o teatro da memória mas porque entendia teatro como memória, como repetição porque tudo isto era a sua magia. Ora, certo é que o Teatro veneziano está mais perto do Teatro anatómico de Pádua tal como, precisamente, do Globe Theatre shakespeariano. (E o Globe Theatre era precisamente «o Teatro do Mundo», como, retomando a tradição veneziana, foi chamado este meu projecto).

Interessava-me o modo como o Teatro anatómico e o Globe Theatre colocavam a figura humana no centro, como se tratasse, na realidade, de pequenos anfiteatros; porque o teatro romano tinha uma cena fixa. Esta cena fixa era semelhante ao retábulo das igrejas espanholas, e o retábulo é a cena do acto litúrgico.

Mas no anfiteatro não era necessária a cena porque toda a atenção estava no jogo e principalmente no animal, homem ou besta. O mesmo acontecia no Teatro anatómico onde o palco, porque disto se tratava, vinha de baixo com o cadáver. Também aqui era o corpo do homem, um homem já deposto, dolorosamente estudado, ainda que por uma ciência humanista. Não diferentemente, assim eram vistos os actores no Globe.

Porém, no Teatro veneziano esta instalação diferencia-se pelo facto de o palco ser um corredor que une uma porta com uma janela; aquele, no piso térreo, não está central, a centralidade é dada pelo andamento das galerias e pela progressão do tecto em cúspide. Este crescimento interno agradava-me para poder construir uma estrutura que desvinculasse os elementos e junções comuns da construção provisória, deste seu aspecto provisório, precisamente; assim, nas consolas, em balanço, os tubos e as juntas de latão, dourados, adensam-se e sobrepõem-se, criam um esqueleto, uma máquina, um mecanismo já não reconhecível ou não referível a uma andaimaria. Parece que ferro e madeira são duas estruturas paralelas; pelo menos era isto que eu pensava ao recordar as secções, em casca de cebola das cúpulas bizantinas e das pequenas torres ou minaretes onde interior e exterior são duas arquitecturas complementares, mas não necessariamente distintas.

As chapas metálicas destas torres e cúpulas são de ferro, cobre, chumbo, de pedra, até; os pináculos do *duomo* de Modena, em pedra, que descarregam sobre a construção tosca, o verdete que escorre pelas pedras brancas das imensas cúpulas; mas sobretudo aquelas agulhas dos campanários góticos afiadas até ao absurdo, verdes no branco do céu.

Estudava-as à janela do meu gabinete no Politécnico de Zurique, sobretudo a agulha da Frauenkirche.

Em gravuras antigas vê-se o rio Limmat a atravessar uma Zurique povoada de moinhos de madeira, todos eles encimados por pontas de aço ou de ferro preto, ou verdes de verdete. Esta cidade gótica não seria diferente daquela Veneza de Carpaccio, no interior e no exterior. Cidades holandesas, normandas, do Oriente; tal como os tapetes persas que, nos quadros dos pintores holandeses, recobrem as mesas e revelam as suas cores orientais sob a luz nórdica de uma janela de fundo.

Há um sentido do interior da cidade que escapa a qualquer simplificação; no meu livro *A arquitectura da cidade* falava da secção das casas destruídas pela guerra, com apreensão, quase com medo. Eram paredes cor de rosa, lavatórios suspensos, emaranhados de canos, intimidades desfeitas; pressentia o gosto e o vago mal-estar do interior embora esta ideia de um projecto com interior me tenha sempre acompanhado. No Teatro veneziano sabia de antemão que era a vida ou o silêncio do teatro; o silêncio do teatro é como o das igrejas vazias.

Parece-me agora que estes projectos e construções se formam nas fases e nas idades da vida; a casa dos mortos e a da infância, o teatro ou a casa da representação. Mas todos estes não são temas ou, pior ainda, funções, mas sim as formas por que se manifesta a vida e, portanto, a morte.

Poderei ainda falar de outros projectos a que apenas acenei, a projectos como o San Rocco e a unidade residencial no Bairro Gallaratese em Milão. O primeiro é de 1966, o segundo de 1969-1970.

Do primeiro apenas referi a instalação da retícula romana e o sucessivo desalinhamento desta, como uma fissura num espelho resultante de um acidente.

Do segundo referi a simplicidade, no sentido de um rigor de engenharia; e a sua dimensão.

Mas ao falar da vida do homem deverei aclarar, ainda melhor, os aspectos que da vida de participação cívica, desde a adolescência, me impressionaram – com um olhar arqueológico e antropológico.

Referi-me aos pátios de Sevilha, aos *cortili* de Milão, ao próprio pátio do Hotel Sirena. E ainda às varandas, às galerias, aos corredores como impressão literária e autêntica de conventos, escolas, casernas.

Em suma, estas formas da habitação – juntamente com a da *villa* – depositaram-se na história do homem ao ponto de pertencerem tanto à arquitectura como à antropologia; é difícil pensar noutras formas, noutras representações geométricas, precisamente porque delas não temos a solução.

Em *The concept of mind*, Gilbert Ryle afirma que «a analogia é constituída por coisas oportunamente já captadas mediante um processo de que somente se refere o resultado». Consideramos correctas ou incorrectas apenas as multiplicações já efectuadas. «As isoipsas são abstrações» ou «As curvas de nível são símbolos cartográficos abstratos» podem ser expressões úteis a quem ensina a cartografia. «As curvas de nível são expressões exteriores de actos mentais de conceber alturas (em metros) referidas ao nível do mar, executados pelo cartógrafo» sugere que a leitura da carta implique um apoderar-se da impenetrável vida espectral de um cartógrafo anónimo.

O resumo desta passagem sempre me impressionou muito e refiro-o não apenas à arquitectura como também às ciências, às técnicas e às artes.

Aqui, a analogia apresenta-se de forma muito diferente da definição que escrevi algures dada por Jung, que se refere a coisas de que, simplesmente, já conhecemos o resultado, tal como as curvas de nível se referem à vida concreta ainda que impenetrável de um anónimo cartógrafo.

Este é um sentido da obra que sempre me interessou sobremaneira e que talvez dê um sentido a estas minhas notas; como o erro da medida de que falei a propósito da topografia, também a analogia é a aquisição de qualquer coisa de que apenas é conhecido o resultado. Ou melhor, de qualquer processo, parece-me que se reconheça apenas o resultado e, por processo, entendo também cada projecto. Descrevê-lo antes é como dar a linha de um acontecimento ainda sem resultado.

Creio que para certas categorias de artistas as motivações dos factos são corroídas e destruídas pelos lugares. Esqueço frequentemente as vozes e sobreponho outras pessoas aos mesmos fundos, aos mesmos lugares, não totalmente de forma inconsciente, mas porque penso ser necessário estar desatento a muitas coisas.

A autobiografia da obra está certamente e apenas na própria obra mas descrevê-la é um modo de transmissão não diferente do projectar ou do construir; nos últimos anos li muita coisa sobre a minha obra – muitas vezes as mais estranhas e diversas – e não posso dizer, como tantas vezes se diz, que aprendi sempre qualquer coisa. Aprendi apenas que muitas motivações são válidas se bem que não coincidam com o que o autor pensava. De uma ou outra maneira, penso sempre num lugar. É verdade que em qualquer lugar confluem muitas coisas, o lugar apresenta-se como um resultado e, portanto, não mentiremos se dissermos que observamos maravilhados o panorama que vemos do terraço, a água que escorre, o interesse pela conversa, os gestos e todas estas coisas a que chamamos amor. É talvez e apenas uma desatenção, a forma mais benevolente da traição, o entregar-se ao lugar, àquilo que, finalmente, mais lentamente muda. Cada entardecer em pleno verão tem uma companhia e uma solidão; e o arquitecto e o comediógrafo devem conhecer as grandes linhas do ambiente porque sabem que as personagens e os seus próprios sentimentos podem ser substituídos ou que, de algum modo, com o tempo, a representação será diferente.

Tudo isto permite representar o passado com o desejo do presente; o que mais me espanta é o passado de um homem que está como que mergulhado num estado em que o desejo pelo presente está morto; pelo que, paradoxalmente, o passado possui as cores do porvir e da esperança. Nenhum dos meus projectos se afasta do passado talvez porque nunca expressei toda a satisfação vindoura que um projecto, uma viagem, uma pessoa podia significar para mim. Não sei até que ponto isto seja alegre ou melancólico mas parece-me ser uma condição para viver e trabalhar no meu ofício.

Sem o desejo, pode acontecer que não haja certeza ou que a própria fantasia se torne mercadoria; mas estes pequenos ambientes familiares com as suas luzes e subtis sombras e os cada vez mais cariados e corroídos monumentos e os próprios ossos do túmulo e qualquer aparente e sempre velha novidade são, também, este ambiente que podemos narrar, até com repetição, mas conhecendo quão previsto seja o imprevisível; e quão imprevistos sejam os efeitos desta conservação da energia que jaz latente determinando o enquadramento da vida do homem juntamente com a luz, a sombra, a inevitável consumação ou consumpção dos corpos.

É por isso que a construção de um lugar, relativamente consistente, disponível para modificações pessoais, ainda é qualquer coisa que posso aceitar numa limitada desordem das coisas, com probidade e para melhor responder às nossas possibilidades.

Parecia-me, assim, ir além de qualquer vanguarda superficial. Pode também ser este o significado de alguns desenhos meus entre 1974 e 1980. Gostava de títulos como *Outras conversações* ou *O tempo de um acontecimento* e outros mais. Estes desenhos eram como que a encenação concentrada e sintética de um filme; as imagens do *Tempo de um acontecimento* eram para mim os fotogramas do filme possível que há muito tenho em mente. A única experiência neste campo, o cinema, tinha-a iniciado com a Trienal de Milão de 1973; o filme tinha o título do mais belo ensaio de arquitectura, *Ornamento e Delito*, e era uma colagem de obras de arquitetura e partes de filmes, na tentativa de inserir o discurso da arquitectura na vida e ao mesmo tempo vê-lo como fundo das vicissitudes do homem; das cidades, dos palácios passava-se a excertos de Visconti, Fellini e outros autores. Veneza e o problema dos centros históricos adquiriam mais significado como fundo do amor impossível descrito por Visconti em *Senso*; recordo-me de uma Trieste branca e desesperada que apenas a história de *Senilità* de Italo Svevo tornava clara, até no seu aspecto arquitectónico. Rodámos depois a parte final da curta-metragem na periferia de Milão ao nascer do dia e acreditava firmemente ir para além da arquitectura ou de a explicar melhor. Caía também o discurso da técnica; e agora, penso que a realização desta curta-metragem possa ser a prossecução de tantas coisas que vou procurando na arquitectura. Também isto era o amor pelo Teatro veneziano; no seu ser uma obra anómala, no apresentar-se com a mesma imponência e fragilidade que uma máquina. Penso agora nalguns críticos que frequentemente falaram das minhas obras como cenografias e eu respondia que eram cenográficas como cenográfico era Palladio, Schinkel, Borromini, toda a arquitectura. Não pretendo defender-me de nenhuma acusação mas nunca compreendi como pudessem existir acusações tão diferentes como o aspecto cenográfico e uma espécie de pobreza de meios expressivos de que também era acusado.

Mas isto, agora, pouca importância tem para mim; creio ser claro que considero possível qualquer técnica e no limite poder chamar estilo a essa técnica. Considerar uma técnica superior a outra ou como mais apropriada é um sinal de demência da arquitectura contemporânea e da mentalidade iluminista da cultura dos Politécnicos que se transmitiu tal e qual ao movimento moderno em arquitectura.

Devo dizer que relativamente à arquitectura moderna sempre tive uma atitude ambígua, contra a minha vontade; estudei-a profundamente, sobretudo na relação com a cidade e, neste sentido, recentemente, ao ver os grandes bairros operários em Berlim, sobretudo Berlin-Britz, ou em Frankfurt, senti uma grande admiração pela construção destas novas cidades. Mas como disse já, sempre rejeitei qualquer aspecto moralístico e pequeno-burguês da arquitectura moderna. Isto ficou-me claro desde o início dos meus estudos, com a minha admiração pela arquitectura soviética; julgo que o abandono desta arquitectura, chamada estalinista e que posso aceitar como pura denominação cronológica, tenha sido um grave acto de debilidade cultural e política por parte deste grande país; e que nada tenha tido a ver com questões económicas e construtivas. Foi sobretudo uma capitulação perante a cultura da arquitectura moderna, de que hoje vemos a completa falência, não apenas na Europa mas em todos os Estados do mundo.

Gostava e ainda me considero discípulo de alguns, poucos, arquitectos modernos, principalmente de Adolf Loos e de Mies van der Rohe. São os arquitectos que mais definiram uma linha de continuidade com a própria história e portanto com a história do homem. Para demolir a cultura funcionalista, no meu livro *A arquitectura da cidade* servi-me deles com honestidade, isto é, citando-os com aquilo que disseram. Aqui, conta também a questão da «personalidade», mas é de facto muito importante que Adolf Loos não se tenha somente representado através da sua arquitectura e que *Ornamento e Delito* permaneça o título mais belo de um tratado de arquitectura, porque apenas colateralmente nos fala de arquitectura; por outro lado, Mies van der Rohe é o único que soube fazer arquitecturas e móveis indiferentes ao tempo e à função.

Não quero retomar aqui outras questões relativas à função; é evidente que cada coisa tem uma sua função a que deve responder, mas a coisa não acaba ali porque as funções variam no tempo.

Foi sempre esta uma minha afirmação de carácter científico que retirei da história da cidade e da história da vida do homem: a transformação de um palácio, de um anfiteatro, de um convento, de uma casa e dos seus diferentes contextos.

Sempre me referi a isto ao falar dos monumentos porque vi antigos palácios habitados por numerosas famílias, conventos transformados em escolas, anfiteatros transformados em campos de bola e isto sempre aconteceu da melhor maneira lá onde não interveio o arquitecto nem qualquer sagaz administrador. Por outro lado, ouvi ultimamente dizer a um jovem que o teatro setecentista era uma magnífica forma de casa colectiva e que o palco era tão-só o seu aspecto privado. As descrições da vida de Setecentos, veja-se a de Stendhal sobre o teatro La Scala, correspondem a esta intuição.

Esta liberdade da tipologia, uma vez instituída, como forma, sempre me fascinou; poderei fazer uma infinidade de citações sobre este argumento, mas repetiria coisas já ditas. É um facto que as tabernas criadas sob as arcarias da Schnell-Banh de Berlim, ou os quiosques de dois pisos encostados ao *duomo* de Ferrara e muitas outras coisas onde a acção mais específica se desenvolve no invólucro mais imprevisto, sempre me apaixonaram.

É como o conceito de sacralidade em arquitectura; uma torre não é um símbolo de potência ou religioso. Penso em faróis e nas grandes chaminés cónicas do palácio de Sintra, em Portugal, nos silos e nas chaminés de fábricas. Estas últimas são as arquitecturas mais belas do nosso tempo ainda que não seja verdade que não repetem modelos de arquitectura; esta é outra tontice da crítica moderna ou modernista. O homem sempre construiu com uma intenção estética; e as grandes fábricas, os cais, os armazéns, as chaminés do período industrial tinham por modelo até a pior arquitectura parisiense do período Beaux-Arts.

Neste sentido, poucos europeus, também aqui se exclui Adolf Loos, perceberam a beleza da cidade americana e, no sentido que antes dizia, em particular a beleza de Nova Iorque.

A América é seguramente uma importante página da autobiografia científica dos meus projectos, embora tenha chegado lá bastante tarde; mas o tempo tem preparações estranhas. Embora a minha educação em jovem tenha sido influenciada pela cultura americana, isto aconteceu através do cinema e da literatura; os objectos e as coisas americanas não eram «objects of affection»; refiro-me em particular à cultura norte-americana, pois a latino-americana, pelo contrário, sempre foi para mim uma fantástica fonte de invenção; porque me considerava, também, com orgulho e presunção, um hispanista.

Por outro lado, perante as descrições, os livros, a imagem fornecida pelos arquitectos da cidade americana não podia responder com uma minha experiência directa. E mesmo quando, sobretudo em jovem, me acusavam de ter uma cultura livresca, na realidade sempre me agarrei ao estudo e à experiência directa; talvez por isto não tenha nunca perdido completamente as minhas ligações com a Lombardia e consiga, por assim dizer, incorporar sensações antigas com impressões novas. De qualquer maneira, tinha percebido que a crítica oficial de arquitectura não tinha compreendido a América ou, o que era pior, não a tinha observado; apenas se preocupava por ver a transformação ou a aplicação da arquitectura do movimento moderno nos Estados Unidos; isto também correspondia a um vago antifascismo, a uma pesquisa da cidade moderna e a tantas outras grandes coisas de que a cultura social-democrata sempre quis dar exemplos sem jamais os encontrar.

Pelo contrário, é sabido que em nenhum outro lugar como nos Estados Unidos tanto faliu a arquitectura moderna; se há que estudar uma transplantação e uma transformação, esta deve procurar-se na grande arquitectura Beaux-Arts parisiense, na arquitectura académica alemã e, naturalmente, nos aspectos mais profundos da cidade e do campo ingleses. O mesmo acontece com a arquitectura espanhola barroca latino-americana, à parte o caso extraordinário na história da cidade que é Buenos Aires.

Creio que nenhuma outra cidade como Nova Iorque seja a confirmação mais evidente da justeza das teses por mim defendidas no livro

A arquitectura da cidade. Nova Iorque é uma cidade de pedras e monumentos como eu não pensava pudesse existir e dei-me conta de como o projecto para o concurso do Chicago Tribune de Adolf Loos era a interpretação da América e não certamente, como se pretendeu descrever, *un divertissement* vienense; era a síntese da extraordinária reviravolta operada na América pela quantidade e pela aplicação do estilo num novo quadro. E as partes que delimitam a cidade-monumento são o imenso território que é o campo.

Apenas neste quadro têm valor as grandes arquitecturas, as obras dos mestres; e da mesma maneira, em Veneza, pode-nos interessar saber se uma obra é de Palladio ou de Longhena; mas elas são sempre e primeiro que tudo as pedras de Veneza.

Se tivesse de falar agora do meu trabalho ou da minha «formação» americana sairia demasiado da autobiografia científica das minhas obras para entrar numa autobiografia pessoal ou numa geografia da minha experiência; o que me afasta do interesse central deste livro.

Devo ainda dizer que neste país as analogias, as referências, ou chame-se-lhes observações, produziram em mim uma grande vontade criativa e também, de novo, um enorme interesse pela arquitectura. Reparei que «passear» ao domingo de manhã pela zona de Wall Street é impressionante como tão impressionante seria caminhar no interior de uma perspectiva de Serlio, ou de qualquer outro tratadista da renascença, que tivesse sido construída. Tal como nas povoações de New England, onde o edifício constitui a cidade ou a aldeia independentemente da dimensão.

Em 1978, quando ensinava na Cooper Union, dei como tema aos meus estudantes «The american academical village»; interessava-me este tema por todas as referências que faz a esta cultura e que nos são verdadeiramente estranhas; como o próprio conceito de *campus*. Os resultados pareceram-me extraordinários porque continuavam a redescobrir antigos temas e volviam, para além da ordem muito singular da *academical village* de Jefferson, até à arquitectura dos fortes, ao *mundo novo* onde antigo era sobretudo o silêncio.

Estas experiências, repito, como a minha permanência na Argentina e no Brasil, enquanto por um lado me distraíam cada vez mais a atenção pela arquitectura, por outro como que tornavam mais exactos os objectos, as formas, a criatividade.

Acontece-me atingir o silêncio de um modo completamente diverso do da juventude, que nascia do purismo; agora, o silêncio parece-me a imagem exacta ou a sobreposição que se anula.

Anula-se no sentido da passagem de Agostinho: «toda esta assombrosa harmonia de coisas tão boas, uma vez atingida a sua medida, está destinada a passar. Tiveram uma manhã e um entardecer».

Mas talvez não saibamos qual será o momento do entardecer porque este grande espelho reflete a arquitectura simplesmente como o lugar onde decorre a vida.

Via as casas dispersas, a grande distância, ao longo do rio Paraná, do pequeno terraço sobre o grande rio, ligado à casa por um pequeno desembarcadouro. Estava de visita à bonita casa chamada «do italiano», um dos lugares mais belos que vi na minha vida, construída por esta personagem vinda da Europa; cujas recordações se haviam apagado. E, no interior, o quarto do poeta suicida, onde se mantinham os lençóis brancos, bordados, o espelho e as flores. Era tudo tão longínquo que o reflexo da arquitectura, como por vezes acontece, retomava os seus contornos, ao suster o acontecimento.

Os grandes navios que passavam no rio não eram diferentes, no marcar o tempo, dos barcos do lago da minha infância. Estas máquinas são também um reflexo, mas nelas o entardecer e a manhã têm um tempo diferente; não me importa quanto mais longo, porque também as coisas estão destinadas a passar.

E a questão da qualidade com que elas passam e, portanto, o modo como nós por elas passamos.

Por isso, não me resta senão falar de algumas obras procurando ordená-las segundo esta qualidade.

Com esta autobiografia científica dos projetos não renunciei a escrever um tratado; até porque a ordem tradicional do tratado, hoje seria, inevitavelmente, um catálogo.

Com frequência, observo atentamente estes catálogos, mas não me interessam.

Os antigos, pelo contrário, mensuravam no tratado questões de qualidade; e não se trata apenas de simples factos autobiográficos em Boullée, com a arquitetura das sombras e, em Palladio, sobre o lugar ou o *locus*. Mas é sempre o lugar, portanto a luz, o tempo e a imaginação, que reaparecem nos tratadistas como aquilo que pode modificar e, afinal, conformar a arquitectura. Até Guarini, na sua obsessão pelas regras matemáticas ou precisamente por isso, observa que «...convirá, portanto, ao sentimento de Vitrúvio, para se ajustar ao carácter do lugar mudar as simetrias com o acrescento ou a supressão de alguma parte para as justas medidas, a fim que se torne claro quanto possa tirar-lhe para se adaptar ao sítio sem perturbação». E, no entanto, continua e conclui: «igitur statuenda est primum ratio Symmetriarum, a qua sumatur sine dubitatione commutatio».

Eis pois, a partir daqui, a análise dos edifícios: os edifícios são tantas situações que quase sempre se afastam do primeiro *ratio* mas é claro que sem este não pode existir modificação.

Todas estas coisas estão certas, a sua qualidade pressupõe uma medida. Como mensurar a quantidade e a qualidade do precipício do quarto de que falei neste livro? Como mensurar a qualidade da queda de Lord Jim, precisamente por se tratar de uma queda de que jamais poderia recuperar?

Como mensurar os edifícios quando um anfiteatro se pode tornar numa cidade e um teatro numa casa?

Portanto, faço aqui a narração de alguns dos meus projectos, embora repetindo aquilo que antes escrevi porque não me parece que exista uma discordância entre o registo pessoal e a descrição, entre a autobiografia e a técnica, entre aquilo que poderia ser e não é.

De cada projecto, tal como de um amor incompleto, poderemos dizer: se fosse agora, seria mais belo. E há nisto, por parte de todo o artista autêntico, a vontade de refazer, mas não de refazer para alterar (que é próprio das pessoas mais superficiais), mas de refazer por uma estranha vontade de profundidade do sentido das coisas, para ver que acção se desenvolve no mesmo contexto ou, vice-versa, de como isto, com ligeiras alterações, modifica a acção.

Aproximo-me mais uma vez daquilo que disse, e direi ainda, do teatro ou do espelho; ou da repetição da mesma fotografia, sendo certo que nenhuma técnica perfeita conseguirá alterações na objectiva e na luz, só porque, afinal, se pretendia também um objecto diferente. Exacto, um objecto diferente. É talvez esta, a autobiografia de edifício que aqui quero ter na arquitectura, mas também no abandono da arquitectura. Este livro poderia, indiferentemente, intitular-se *Esquecer a arquitectura*, porque posso falar de uma escola, de um cemitério, de um teatro mas é mais rigoroso dizer que falo da vida, da morte, da imaginação.

Falando destas coisas e dos projectos, pensava uma vez mais em concluir a minha arquitectura e o meu trabalho. É a operação que sempre tentei. Pensava ainda que o último projecto, como a última cidade que se conheceu, como a última relação humana, fosse a procura da felicidade, identificando depois felicidade com uma espécie de paz, e podia ser uma felicidade de ousada inquietude mas sempre definitiva. Por isso cada tomada de consciência das coisas se confundia com o gosto de as poder abandonar, de uma espécie de liberdade que está na experiência, como uma passagem obrigatória para que as coisas tivessem a sua medida.

Pensava desde sempre no trecho de Agostinho: «Senhor Deus, pois que tudo nos destes, dai-nos a paz, a paz do repouso, a paz do sábado, a paz sem ocaso. Toda esta assombrosa harmonia de coisas tão boas, uma vez atingida a sua medida, está destinada a passar. Tiveram uma manhã e um entardecer».

Mas o certo é que o desfecho estava para além da arquitectura e cada coisa é somente a premissa daquilo que queremos fazer. Fazia considerações sobre tudo isto olhando do terraço veneziano para a figura da Fortuna; e pensava, sim, e ainda, na máquina da arquitectura mas a máquina da arquitectura era, na realidade, a máquina do tempo.

No tempo e no lugar tinha encontrado a analogia da arquitectura, aquela que tinha chamado «a cena fixa das vicissitudes do homem». E isto, também fixou o meu interesse pelo teatro e pelo lugar do teatro; gostava da cena fixa do teatro de Orange, porque de nenhum outro modo podia ser senão fixa. Lugares determinantes eram os grandes anfiteatros de Arles, Nimes, Verona; eram os lugares de uma minha educação em arquitectura. Brancos, recortados no céu da Provença igualavam-se aos lugares do teatro lombardo, mas sobre esta cidade de Arles poderei escrever um tratado, de história ou arquitectura, ou simplesmente uma história pessoal... Aqui, compreendi porque Jean Genet afirma que a arquitectura do teatro ainda está por descobrir, mas que em todo o caso deve ser imóvel, parada e irreversível. Mas isto parecia-me verdadeiro para toda a arquitectura.

Estes elementos, entre o anómalo e o habitual, são-me congeniais; por todo o lado se pode entrever uma paisagem inexplorada, uma quase desconhecida geografia da cidade emerge nas vicissitudes do homem.

Lia a *Historia Lausíaca* do bispo Palladio, a *Vida de Santo António*, e ficava impressionado com as cidades dos monges, os conventos dispersos no deserto e ainda mais com as celas dos eremitas; nos mosteiros do deserto viviam milhares de homens quais cidades secretas espalhadas num território isolado. Esta dimensão do tempo e do espaço pode ser chamada arquitectura como se chama arquitectura a um monumento. Vi qualquer coisa de semelhante na Puglia, perto de Lucera; uma grande cratera praticamente inacessível onde foram escavadas grutas ao longo das paredes, um estranho anfiteatro queimado pelo sol e simultaneamente frio; este, era um lugar de anacoretas, de bandidos, de prostituição, de *perdidos* e ainda produzia esta estranha impressão. Via uma antiga cidade, alternativa à história civilizada, como que sem história que não fosse a consumpção do corpo e da mente, que era a vida destas pessoas. Mas também aqui permaneciam as ruínas, ruínas de um elemento natural se bem que construído sempre naquelas relações de vida que igualmente existiam na solidão, mas ruínas não diferentes das do vizinho castelo de Frederico, do traçado da cidade árabe, das ruínas que se confundiam traçando linhas, perfis, corpos, materiais da arquitectura, No sul, sempre gostei destes lugares convulsos como os mistérios de Delfos e o mistério do tempo.

Desde a infância que encontrava na vida dos santos, tal como na mitologia, suficientes elementos perturbadores do bom senso para que pudesse apreciar, para sempre, uma certa inquietação do espírito; qualquer coisa de veladamente bizarro no plano pessoal.

Sabia desde sempre que a arquitectura era determinada pelo momento e pelo acontecimento e era este momento que inutilmente procurava, confundindo-se com a nostalgia, o campo, o verão; era um momento de interrupção, as míticas «cinco de la tarde», de Sevilha, mas também o tempo do horário do caminho-de-ferro, do fim da lição, da alvorada. Gostava do horário dos caminhos-de-ferro e um dos livros que li mais atentamente foi o horário dos caminhos-de-ferro suíços; é um livro totalmente escrito, com pequenos e refinados caracteres, onde o mundo se intercepta através do negro dos caracteres tipográficos e comboios,

Casa de colono nos arredores de Parma.

autocarros, barcos, *ferryboats* levam-nos de oriente para ocidente, onde apenas algumas páginas, as mais misteriosas pelos lugares e distâncias, têm uma cor rosa pálido.

Aproximava-me, assim, da ideia de analogia que era para mim, em primeiro lugar, um campo de probabilidades, de definições que se aproximavam da coisa reportando-se umas às outras; cruzavam-se como nas mudanças de agulha dos comboios.

Esta mescla do tempo e do espaço aproximou-me do conceito de analogia, de definições que se aproximavam à coisa reportando-se uma à outra. Nesta pesquisa, o livro de René Daumal *O monte análogo* foi para mim uma leitura de inacreditável importância ainda que nada me dissesse sobre o final da pesquisa, mas aumentava a ânsia da pesquisa. Havia tempo que procurava isto na matemática e na lógica e ainda creio que apenas a matemática possa dar, não sei se a certeza, mas pelo menos a satisfação, uma forma de prazer em si mesmo, mais forte e mais evidente que o da beleza e do momento.

Fora disto encontrava desordem.

Da analogia de Daumal impressionava-me talvez e sobretudo a sua afirmação sobre «a velocidade assombrosa do já visto» que relacionava à outra definição de Ryle de que a analogia é o fim de um processo. Este livro, ao compendiar outras leituras e as minhas experiências pessoais, aproximou-me de uma visão mais complexa da realidade sobretudo pelo que respeita à concepção da geometria e do espaço. Qualquer coisa de semelhante, como disse, tinha-o encontrado em *A subida do Monte Carmelo* de Juan de la Cruz; a representação do monte no magnífico desenho-escrita aproximava-me da minha intuição dos Montes Sagrados onde a coisa mais difícil de compreender sempre me parecia ser o sentido e o porquê da subida. Mais ou menos na mesma época, quando desenvolvia com os meus alunos do Politécnico de Milão uma pesquisa sobre Pavia, deparei-me com a carta de Opicino De Canistris. Nesta carta confundem-se figuras humanas e animais, conjunções sexuais, registos com os elementos topográficos do relevo; trata-se de uma diferente direcção que a arte e a ciência em certos momentos podiam tomar.

Tudo isto incidia na minha arquitectura ou era uma só coisa com o que fazia; a geometria do monumento de Cuneo ou da de Segrate era por mim lida segundo complexas derivações, enquanto outros lhe acentuavam o purismo e o racionalismo. E, no entanto, estes caminhos iam-se esclarecendo, tal como ao desenhar o triângulo sempre tinha pensado na dificuldade de fechar uma triangulação como também na riqueza implícita no erro. Terá sido por volta de 1968 que, de maneira estranha, uma convulsão geral da cultura se manifestou na minha educação intelectual, retomando aspectos que me eram próprios mas que havia deixado cair. Assim, nas notas ao livro de Daumal, existe uma passagem da *República* de Platão que provavelmente nunca tinha lido, mas que constituía já uma obsessão criativa.

«Quando cada grupo havia permanecido sete dias na pradaria, devia terminar o amanho e partir ao oitavo dia, para chegar, quatro dias depois, a um lugar onde se observa uma luz que se estende desde o alto através de todo o céu e de toda a terra, uma luz aprumada como uma coluna e muito semelhante ao arco-íris, mas mais brilhante e mais pura. Eles alcançaram aquela luz após um dia de caminho e lá no meio da luz viram, esticadas a partir daquele ponto do céu, as extremidades das suas ligações, porque essa luz era uma ligação que prendia o céu».

Impressionava-me sobretudo a expressão «eles alcançaram» e portanto existia um ponto onde chegar que estava relacionado com esta corrente celeste que apenas era visível a partir dos extremos das suas ligações.

Este «alcançar» contém um início e um fim, e assim, sem pensar mais nisto, anos depois iria deter-me sobre o valor do início e do fim independentemente da fase intermédia. E no entanto, muitos se detêm nas fases intermédias; e afastei-me do interesse pelo catálogo, a recolha, o herbário, porque há neles aquela fase intermédia que frequentemente se me torna insuportável.

Gosto do início e do fim das coisas; mas acima de tudo, talvez, das coisas que se quebram e se recompõem, como nas operações arqueológicas e cirúrgicas. No decorrer da minha vida estive muitas vezes no hospital por causa de fracturas ou de outros problemas nos ossos e isto deu-me um sentido e um conhecimento da engenharia do corpo que de outra maneira seria impensável.

Talvez o único defeito do fim, como do princípio, seja o de ser, em parte, intermédio; isto é, o de ser previsível. E a coisa mais previsível é, precisamente, a morte.

Relaciono tudo isto com a minha impressão, em jovem, sobre o profeta Elias: a recordação de uma imagem e de um acontecimento. Eram grandes livros de história sacra, onde as figuras saíam de um texto denso e negro com cores vivas, amarelo, azul celeste, verde. Um carro de fogo elevava-se para um céu cruzado pelo arco-íris e um velho enorme estava de pé no carro. Sob esta gravura, como sempre, estava uma frase muito simples: «O profeta Elias não morreu, foi raptado por um carro de fogo». Nunca mais vi uma representação nem uma definição assim tão exacta e acontecimentos deste tipo raramente aparecem nas fábulas. Toda a religião cristã se baseia na morte, a deposição e a ressurreição e esta é uma iconografia muito humana que representa o homem e Deus. No desaparecimento do profeta Elias parecia-me existir qualquer coisa de perigoso para o senso comum, um desafio, um acto de imenso orgulho. Mas tudo isto quase apagava a minha tendência para um acto absoluto e de extrema beleza. Terei talvez encontrado parte disto em Drieu La Rochelle, mas aqui tinha a ver com a aversão por outras coisas e o significado era diferente.

Creio agora que estes dois aspectos sejam importantes para mim e que adquiriram maior clareza; entre a minha primeira pesquisa, refundar a disciplina, e o resultado final de a dissolver ou de a esquecer há um grande parentesco; parecia-me que a arquitectura moderna, tal como se apresentava, era um conjunto de noções vagas, dominadas por uma sociologia de segunda ordem, por uma fraude política, por um péssimo esteticismo. A bela ilusão do movimento moderno, calma e moderada, havia-se despedaçado sob a queda brutal mas concreta das bombas; não procurava aquilo que tinha ficado como uma civilização perdida, mas observava sobretudo uma trágica foto do pós-guerra de Berlim onde a porta de Brandeburgo estava imóvel numa paisagem de ruínas. Era talvez esta a vitória da vanguarda; não os restos dos bairros de Frankfurt ou alguma construção holandesa que se confundia com a delicada paisagem de Humberto I. As vanguardas, apenas mediante estas ruínas, haviam vencido e perdido; uma tangível paisagem surrealista, a sobreposição dos escombros, foi certamente um gesto, ainda que de destruição. Não foi a arquitectura a ser atingida, mas sim a cidade do homem; e aquilo que restava não pertencia certamente à arquitectura mas era um símbolo, um sinal, uma recordação por vezes incomodativa.

Foi assim, com um olhar arqueológico e cirúrgico, que aprendi a observar as cidades. Detestava o esteticismo modernista como todo o de qualquer revivalismo formalista. Por isso eu disse que a experiência da arquitectura soviética me tinha servido para varrer toda e qualquer herança pequeno-burguesa da arquitectura moderna. Restavam alguns grandes arquitectos, como Adolf Loos ou Mies van der Rohe, que de uma maneira fundamental tinham passado por cima das ilusões social-democratas. Mostrar a arquitectura através dos dados que lhe eram próprios significava colocar o problema de maneira científica retirando qualquer sobre-estrutura, ênfase e retórica que se lhes tinham incrustado nos anos de vanguarda.

Portanto, cada vez mais a dissolver um mito; a repor a arquitetura entre as artes figurativas e a engenharia. Um pequeno livro de Pier Luigi Nervi sobre o cimento armado, os estudos sobre cúpulas romanas, a topografia urbana e a arqueologia, mostravam-me a cidade e a arquitectura ao mesmo tempo. E creio que hoje isto esteja cada vez mais claro e que o estudo da arquitectura tenha encontrado maior credibilidade ainda que mantida nos limites que lhe são próprios. Isto respondia melhor ao nosso estado de alma.

Mas detestava a desordem apressada que se exprime como indiferença à ordem, uma espécie de obtusidade moral, de bem-estar satisfeito, de falta de memória. E saber, também, que estes factos gerais deviam ser vividos pessoalmente, através também de pequenas coisas, visto que as grandes coisas estavam já historicamente impedidas.

Deste modo, continuo a minha arquitectura com a mesma obstinação e parece-me que este oscilar entre uma geometria rígida e histórica e o quase naturalismo dos objectos seja uma condição para este tipo de trabalho; naturalmente, fixa-se em algumas escolhas que podem ser a primeira impressão dos Montes Sagrados e o manifesto interesse pelo teatro ou por um modo importunador de entender a história. Este modo importunador, ou irritante, como foi chamado, sempre caraterizou os meus projectos aos olhos de quem os devia julgar ou que simplesmente os via.

Hoje, olho para cópias dos meus projectos que são (como dizer?) bem aceites e isto provoca-me um especial interesse, bem diferente do desdém da famosa frase de Picasso que mais ou menos dizia «Trabalha-se durante anos para fazer uma coisa, e chega um outro e fá-la graciosa».

Deveria falar da índole deste interesse ou juízo, daquilo que é chamado plágio ou simplesmente cópia da minha obra.

Não me importa assim tanto, mas isso é por certo intrínseco à minha obra.

Existem, na arquitectura como noutras técnicas, resultados que se transmitem e que pertencem à arquitectura; existe uma cópia daquilo que é mais pessoal, mas isto, se feito pelos melhores, é uma prova de afecto e é um autêntico testemunho. De qualquer maneira, a despeito dos críticos, eu julgo de forma positiva e com amor qualquer imitação daquilo que possam chamar *a minha arquitectura* e creio nada mais ter a dizer sobre este assunto. Não tenho mais nada a dizer porque isso é, por assim dizer, incontrolável: o fenómeno da transmissão do pensamento, daquela que chamamos experiência, do próprio mundo das formas, não está ligado a um programa ou a uma moda e nem mesmo, talvez, a uma escola. É por isso que na escola sempre procurei fornecer elementos e, em geral, indicar um tipo de trabalho suficientemente claro, quase redutivo, e de não fornecer modelos mas uma técnica, por um lado, e um convite ao alargamento do saber, por outro; analisar os nexos que ligam a formação geral e pessoal com a técnica, que sempre me pareceu mecânico, assim como ver os nexos com a autobiografia enquanto história social, que se sobrepõem e confundem; talvez valha uma descrição paralela como procurei fazer neste livro. Por outro lado, alguns dos autores aqui citados, sejam eles arquitectos ou não, sejam Loos ou Conrad, entraram na minha mente quase possuindo-a e estas peculiares afinidades ou escolhas, aquilo que Baudelaire chamava «correspondances» são parte da própria formação e do próprio modo de ser.

Pensava, neste livro, analisar os meus projectos e os meus escritos, o meu trabalho, numa sequência contínua; compreendendo-os, explicando-os e ao mesmo tempo reprojectando-os. Mas também vi como, escrevendo de tudo isto, se crie um outro projecto que tem em si qualquer coisa de imprevisível e de imprevisto; disse que sempre gostei das coisas que se concluem e que toda a experiência sempre me pareceu conclusiva, o fazer qualquer coisa que esgota para sempre a capacidade criativa. Mas, como sempre, esta possibilidade escapa-me, ainda que a possibilidade de uma autobiografia ou de uma sistematização da própria formação pudesse ser a ocasião decisiva.

Outras recordações, outras motivações emergiram modificando o projecto original que no entanto me era muito caro. Mas, também aqui gosto de uma sábia desordem.

Assim, talvez seja simplesmente a história de um projecto e como todo o projecto deve, de algum modo, concluir-se, ainda que apenas para poder ser repetido com pequenas variações ou deslocamentos, ou também para não ser assemelhado a novos projectos, novos lugares e novas técnicas, a outras formas de vida que sempre vislumbramos.

Posfácio. A ideologia na forma
Vincent Scully

Para mim, este livro tem algo da qualidade de um despojo. Quando acabei de o ler senti-me completamente solitário, desprovido de ideologias, sozinho com a memória das coisas que tinha visto. Não é um livro linear; não tem início num lugar para chegar a outro. Faz círculos. Assim, tudo é como um sonho: em mudança, mas estático, girando à volta de pontos de obsessão, fixos. O raciocínio consciente parece ter sido abandonado. Por fim, apenas há luz, objectos revelados; e cada objecto, torre ou cafeteira, tem uma idêntica existência, a mesma escala. Sentimos que algo de grande aconteceu, que Rossi abriu uma janela em branco para a visão. Foi capaz de se despojar quase inteiramente da ideologia. Consequentemente, não há uma relação predeterminada entre coisas, nenhuma hierarquia. Cada coisa é vista como nova, podendo estar relacionada com outras coisas de uma nova maneira. Esta é a grande força de Rossi; possibilita que os seus olhos se foquem na vida não racional dos objectos, da qual se pode dizer que acontece no cérebro do homem sem se identificar com a sua razão. Assim, o adjectivo "científico" que Rossi emprega toma um matiz irónico mas verdadeiramente sério. Rossi não começou com esta visão; ninguém o faz. A sua *A arquitectura da cidade* era um argumento racional. Agora há qualquer coisa mais; tudo o que impede a irracionalidade da percepção foi percorrido e posto de parte. Em Itália, Rossi deve ser tão exasperante quanto adorado. No ambiente ferozmente ideológico de muito do criticismo do Norte de Itália, onde os materiais visuais são frequentemente usados apenas como ilustrações aproximadas de posições conceptuais, e são julgados esteticamente de acordo com as justificações ideológicas que lhes podem ser atribuídas, é uma maravilha encontrar uma mente para quem as formas de arte são tão obstinadamente inocentes: universais, delicadas, intransigentemente relembradas.

Rossi é absolutamente claro, em todo o texto, sobre o tema principal que é a memória. As suas formas são poucas, precisamente porque não são inventadas mas relembradas. Derivam da sua experiência das coisas na vida. Assim, escreve: "a observação das coisas foi a minha mais importante educação formal; depois, a observação transformou-se numa memória destas coisas". Deste modo, a memória é um mecanismo de destilação, e o trabalho de Rossi sugere que as coisas por si observadas são de facto idealizadas por essa destilação, "platonizadas" em formas duradouras. Mas, por definição, estas formas devem originalmente derivar da cultura em que Rossi cresceu. De facto, elas são primordialmente do Norte de Itália pelo carácter, com a junção de uma componente andaluza, reflectindo o amor especial de Rossi pelo Sul de Espanha. Há também, tal como para muitos intelectuais europeus contemporâneos, um insistente material americano. E todas estas memórias podem ter uma especial vida, algures entre pensamento e dimensão, dado o talento especial de Rossi para o desenho ou, de facto, para a pintura. Os desenhos de Rossi são muitas vezes verdadeiras pinturas, abundantemente ambientais e atmosféricos, inundados por tonalidades aguadas e muitas vezes por uma luz melancólica. Exploram os mistérios da memória, exactamente como, antes dele, os de De Chirico. Curiosamente, também têm algum daquele sentido da ruína, ou pelo menos do fragmento, que tanto motivou Piranesi, esse outro grande arquitecto visionário; enquanto os desenhos a traço, em particular, recordam o registo apaixonado de Vespignani das ruínas modernas de bairros semiconstruídos na periferia de Roma após o final da Segunda Guerra Mundial. Os desenhos são, sobretudo e além do mais, espaciais; criam volumes arquitectónicos e ambientes urbanos. Não são estudos abstractos, mas registos de visões. Aqui, a insistência de Rossi na arquitetura como cena para a acção humana toma um tom expectante; os espaços têm possibilidades latentes, profundamente evocativos de presenças ocultas prestes a avançar, presenças grandiosas e melancólicas como actores trágicos no teatro clássico. Os desenhos, por isso, não são esquemáticos; criam a ilusão de ambientes para habitar – o que, acima de tudo, é aquilo de que a arquitectura trata. Outra razão para o seu carácter eminentemente arquitectónico é a sua herança clássica e vernácula. Eles lidam com uma Itália que foi sendo construída ao longo de mais de dois mil anos. Estão tão abertos às formas da indústria ligeira – vemos em todos eles as pequenas fábricas com barracões metálicos no vale do Pó – como aos grandes pavilhões agrícolas em alvenaria de tijolo rebocado espalhados pela planície e aos pequenos abrigos de madeira alcandorados nas montanhas a norte. Tudo isto é o que se entende por vernáculo, neste caso o do Norte de Itália. Daqui se deduz, naturalmente, que as formas relembradas nos desenhos são todas elas fundamentalmente estruturais, não estruturalmente exibicionistas como tantas formas do modernismo tardio, mas registando os tipos estruturais básicos de um vernáculo tanto rural como industrial, reflectindo o sempre presente passado clássico: a parede de alvenaria com os vazios dos seus vãos, a imponente coluna e o lintel, a estrutura de madeira com travamento diagonal, o aligeirado esqueleto metálico, a grande asna em aço ou madeira, a forma do tímpano, a torre cilíndrica, a caixa, a abóbada, a cúpula. Tudo isto faz com que a linguagem de Rossi nunca seja abstracta mas, sim, sempre italiana.

Porém, é verdade que Rossi sente em si um movimento que o afasta dos seus "primeiros projectos, onde me interessava pelo purismo, gostava de contaminações, pequenas modificações, comentos e repetições". Isto parece sugerir nele um desenvolvimento daquilo a que poderíamos chamar "moderno" para uma posição mais "pós-moderna". Mas nenhuma destas etiquetas está bem para Rossi. Ele rejeita a primeira com enorme desprezo e nunca menciona a segunda, na qual o pluralismo relativista de tanta teoria pós-moderna lhe seria decerto totalmente estranho. Não é a "codificação cultural" que o move e dirige, mas uma capacidade mais antiga, que se pode apropriadamente identificar com Mnemósine (Memória), a deusa essencial dos estetas clássicos. É ela, a mãe das Musas, que está investida da função de transformação analógica, que Rossi proclama, por vezes, como a verdadeira alma do seu trabalho, e que outras vezes proclama ter abandonado. Mnemósine é aquele feixe de memórias que dá forma à capacidade estética, a aptidão para peneirar, escolher e distinguir, e donde derivam todas as suas filhas. Uma vez que os mecanismos desse processo são uma questão misteriosa, Mnemósine é divina, não podendo ser tomada com ligeireza. De início, Rossi tenta mantê-la de parte. "Iniciei estas notas há mais de dez anos", escreve, "e procuro concluí-las agora para que se não transformem em memórias". Espera, antes, agindo de acordo com outro instinto mediterrânico generalizado, o escultural, defender o sentido de presente como absoluto. "Cada verão parecia-me ser o último e este sentido de fixação sem evolução pode explicar muitos dos meus projetos". Mas, à medida que o texto avança, as barreiras entre Rossi e as suas memórias vão progressivamente caindo. Elas são um mar de formas relembradas; finalmente todas elas brotam e se ordenam, de modo clássico, para seu uso. "Agora, parece-me vê-las a todas como se fossem instrumentos numa fila perfeita; alinhadas como num herbário, numa listagem, num dicionário". "Mas esta listagem entre imaginação e memória não é neutra, ela regressa sempre a alguns objectos e, nestes, participa também na sua deformação ou, de algum modo, na sua evolução".

E acrescenta, como que timidamente: "Creio que seja difícil à crítica, a partir de fora, compreender tudo isto". Mas na realidade está a deixar que o crítico entre; para além do discurso, partilhando os movimentos da sua mente. De imediato, sente-se liberto para poder passar à visão de Melville, citada pelo poeta Charles Olson, uma descrição completa das suas grandiosas formas: "Light house & monastery on bold cliff. Cross. Cave underneath light house. The whole Atlantic breaks hear. Lovely afternoon". Daqui em diante, para Rossi tudo é "felicidade", "verão", "idiotice", "assombro". Já tinha enfrentado a morte, um ponto ao qual devemos voltar. Assim, todas as formas passam a ser inocentes. Algures, como ele diz, "entre o fascismo e a idiotice", são resemantizadas numa nova linguagem; saída de um processo evolutivo. No famoso desenho *L'architecture assassinée* elas são pequenas, criaturas ansiosas num estado de massacre, atingidas na fronte, metralhadas nas pernas: encostadas contra a parede, pela ideologia.

Rossi é inocente. Esta inocência é ganha a custo, com mérito. Ele também se arrisca ao massacre, porque agora confia nas suas formas, está com elas. Anterior ao seu, nenhum outro texto me lembrou tanto o brilhante

A Vida das Formas de Henri Focillon, de 1934. Aí, Focillon diz sobre a obra de arte: "Para existir, é necessário que esta se distancie, que renuncie ao pensamento, que penetre na dimensão, é preciso que a forma dimensione e qualifique o espaço". "Cria uma imagem do mundo que nada tem em comum com o mundo, uma arte de pensar que nada tem em comum com o pensamento". Este é o caminho de Rossi. Uma vez mais, não é verbalmente nem conceptualmente sistemático, segue sim essa outra lógica das coisas. Também para Focillon, as formas possuem vida própria: " Nestes mundos imaginários, em que o artista é o geómetra, o mecânico, o físico e o químico, o psicólogo e o historiador, a forma, através do jogo das metamorfoses, vai continuamente do seu constrangimento à sua liberdade".

O mesmo acontece com Rossi. E com isto faz-se um grande arquitecto. Podemos ver o processo a ocorrer nos seus desenhos. Daí desprezar a teoria funcionalista e a determinação mecânica de boa parte do Movimento Moderno. De facto, ele é mais duro com o modernismo do que a maior parte dos críticos pós-modernos, que agora tendem a vê-lo apenas como um outro estilo. Rossi vê-o como um inimigo desprezável: hipócrita, sentimental, moralizante, cheio de justificações desleixadas, a um nível "pequeno-burguês". Os seus projectos e edifícios têm, além disso, a intenção de "não como pensavam os funcionalistas, para desempenhar uma determinada função mas sim, permitir mais funções. Enfim, permitir tudo o que na vida é imprevisível".

Assim, a forma, porque não segue a função mas uma diferente lógica da razão humana, pode libertar essa razão e a vida que dirige. Para Rossi, todavia, liberta-se através da sua própria limitação. Como notámos, as formas de Rossi são poucas e cuidadosamente seleccionadas de entre as suas memórias; auto-seleccionadas, pode-se dizer, através da sua persistência nessa memória. Esta é outra razão para a sua qualidade onírica, dado que cada uma delas significa indirectamente tantas coisas: cada tímpano, cada coluna, cada torre, santo e bandeira. Para o fazer devem ser geometricamente simplificadas, devem de facto dar a impressão de serem abstractas embora não o sejam de todo. Aqui, mais uma vez, tal como em Frank Lloyd Wright, trata-se de uma simplificação como "representação indirecta", escapando ao censor consciente tal como as encarnações pictóricas do trabalho de Freud sobre os sonhos. Daqui, como vimos, as formas de Rossi criam um sonho "Itália" sem paralelo desde os tempos de De Chirico. É daqui que o seu relacionamento com as formas do Fascismo deriva. Os fascistas pretenderam conscientemente reinvocar as tradições clássicas e vernáculas da arquitectura Italiana e fazê-las suas. A arquitectura moderna, com o seu desprezo pelo vernáculo e pelo monumental, acabou por ser incapaz de enfrentar essas formas. Por isso, como na grande praça de Milão, os fascistas, com os seus monumentos, apoderaram-se dos centros das cidades, enquanto os monumentos do Movimento Moderno, como o pequeno e comovente memorial do BBPR para o falecido Gian Luigi Banfi, encontravam o seu lugar nos subúrbios, precisamente porque não eram capazes de lidar com os temas grandiosos, intemporais e simbólicos que dão forma à vida em comunidade. A arquitectura moderna perdeu para o fascismo. Rossi retoma a cidade. Pode fazê-lo porque é melhor nisso do que os arquitectos fascistas. Ele retoma a tradição com maior vitalidade porque opera através da memória e não pela ideologia. Uma dessas memórias é a própria arquitectura moderna, através e para lá da qual, de facto, Rossi está a ver o passado clássico. O qual, aparentemente gasto, é assim de novo percebido e revitalizado, podendo novamente reiniciar desde uma fase primitiva, com uma força primitiva. O Fascismo é agora também parte da memória, assombra-a, dota as formas de Rossi, de facto, com muita da sua especial aura física e evocativa.

O fascismo assombra a colunata do projecto Gallaratese, mas é apenas um dos fantasmas. Todos os arquitectos clássicos, de Le Corbusier a Ledoux e a Ictinos, escondem-se por entre os pilares. Toda a Itália está ali em grandeza pública, em pobreza privada e em indomável postura retórica. Um americano não pode deixar de adivinhar a presença de Louis Kahn. O seu majestoso desenho da sala hipóstila em Karnak – onde as colunas não são estruturalmente musculadas nem esculturalmente afirmativas mas estão simplesmente ali, na sua enormidade, modelando a luz, ocupando o espaço – parece quase a prototipização daquelas colossais colunas de Rossi. Estas são tão grandes por relação com a sua modesta carga que parece não existir compressão estrutural sobre elas, permanecendo seres puramente visuais, aparições que avançam passo a passo por entre os pilares-lâminas. Em qualquer caso, a colunata do Gallaratese é o derradeiro espaço do sonho. Julgada por critérios funcionalistas do criticismo moderno pode ser vista como fora de escala e gratuita, mas deve ser vista literalmente, de facto, a outra luz, que é a das "funções imprevisíveis" de Rossi. E aí, ainda que relegada para os confins da consciência, as suas formas marcham através dos corredores do sono, povoando os sonhos. Faremos justiça a Freud se notarmos que, também aqui, poderá mesmo existir um elemento sexual, uma vez que a forma longa e tensa da estrutura de Rossi é claramente lida como um corpo que se perfila em direcção ao edifício castanho, exuberante, e em forma de L, de Aymonino. Qualquer que seja a razão, e são seguramente muitas, algo de profundo se toca, nalguma necessidade da alma por espaço e grandeza, glória, amor e relação, algum desejo generoso não verbalizado mas aqui representado pictoricamente.

O mesmo é verdade para o cemitério de Módena, onde o desejo é pela morte, a *terceira caixa* de Freud, tão bela parece ser, tão imprevisível na sua promessa. Alguns dos parágrafos mais comoventes de Rossi têm a ver com a sua experiência de Módena, que foi acumulada a partir da sua dor nos ossos partidos. Conta-nos como foi resolvendo o problema na sua mente quando estava deitado numa cama de hospital, nos distantes Balcãs, e começou a construir Módena como estrutura em osso, uma cidade de osso, construída com osso, alojando osso. Este tipo de morte marca o fim da sua juventude, diz-nos, mas depois veio *essa "felicidade", essa "idiotice"* de alegria em vida que vimos antes. Como rito de passagem, o desenho de Módena reúne uma assemblagem de memórias mais rica que em qualquer outro projecto de Rossi; é o mais romântico-clássico. Boullée, que traduziu e muito apreciou, está lá. É também o mais surrealista. De Chirico, que raramente menciona, dá certamente forma a este sonho. Em Itália, a casa da vida, o grande palácio-quarteirão, torna-se a sua casa da morte, sem telhado nem caixilharia nos pisos. Despida de tudo, excepto da sua duradoura alvenaria, relembra o monumento fascista à cultura Italiana na EUR em Roma. Acima de tudo, o vidro do Movimento Moderno é totalmente posto de parte, assim como o seu cânone de leveza, as tensas superfícies e planos flutuantes.

Não podem os americanos, em tudo isto também e uma vez mais, deixar de pensar em Louis Kahn. As suas famosas "ruínas", despojadas de vidro, que culminam nas massas intemporais de Ahmedabad e Dacca, vêm de imediato à cabeça. São estruturas de alvenaria perfuradas por vazios puros, e tão simplificadas e abstractamente proporcionadas que sugerem funções não específicas mas "imprevisíveis". Também elas parecem neoplatónicas com os seus círculos e quadrados. Todas estas qualidades são retomadas em Módena, mas elas são – caso de facto fossem "memórias" para Rossi – "transmutadas" pelo dom especial de Rossi para a cenografia, num terreno nobre para a representação da morte, um espaço mais grandioso que o Fórum de Mussolini, que Kahn também desenhou. Aqui, a insistência de Rossi sobre a importância do teatro no seu trabalho parece especialmente relevante. Mostra-nos que a arquitectura, que ele vê primordialmente como o cenário para a acção humana, pode criar um teatro até mesmo para a morte. Mesmo a imobilidade dos mortos é dramatizada, e como tal humanizada, pela sua arquitectura.

Não admira que os desenhos e pinturas de Rossi relacionados com Módena, que aqui como noutros casos tendem a ser mais coloridos, mais preenchidos e tumultuosos que o próprio projecto, estejam entre os mais monumentais e assombrosos. Como inúmeros italianos antes dele, sonha com a cidade intemporal que é a morada dos mortos. Penso que não existe nada de misterioso ou de mórbido nisto, já que a cidade é o lugar onde normalmente os vivos estão em íntimo contacto com os seus antepassados que antes deles deram forma à cidade. Para os Hopi do Sudoeste americano o deus do *pueblo* chama-se Masau'u, o deus da morte. E a própria cidade dos mortos tem um papel especial na vida de Itália; está às portas de Tarquínia, Cerveteri, Roma e Pompeia. Da mesma maneira, as divindades etruscas estão incorporadas no extraordinário cone que encabeça Módena, não menos de quanto o estão no cenotáfio de Boullée, nas chaminés tristes de De Chirico, nos fornos de Dachau. Todos os terrores do passamento são transmutados pela ordem da cidade, onde por fim todos dormem juntos, osso com osso.

A habitação linear suportada por pilares planos em Módena regressa em Gallaratese mas agora é levantada pela vida das grandes colunas maciças e redondas; que são de facto o elemento vital do todo. Num dos seus desenhos mais abrangentes baseados em Módena, Rossi mostra-nos todas estas formas monumentais mas traça uma sequência de um outro tipo no canto inferior esquerdo da composição. É uma série de pequenas casas com frentes de tímpanos agudos. Aqui, Rossi põe em jogo a sua memória das cabinas de Elba. Desenha-as como pequenas formas vagueantes, com os tímpanos perfurados por janelas redondas, como ecos vernaculares do grande óculo de Alberti em Mântua, que Rossi utiliza como ilustração neste livro. De seguida, o tímpano como forma reminiscente quer da cabina vernácula quer do templo clássico com frontão, aparece como um triângulo platónico no monumento de Rossi aos resistentes em Segrate. Esta conjunção também ilustra a diferença essencial entre o projecto de Rossi e o do seu professor e amigo, o arquitecto moderno Ernesto Rogers. O monumento de Rogers a Banfi, que mencionámos antes, é totalmente não-monumental e não-direccional; trata-se de planos que flutuam, propositadamente sem qualquer referência a massas estabilizadas ou às tradições tanto clássica como vernácula. O projecto de Rossi é acutilante; incorpora massa monumental e direcção, e sugere as duas tradições. Por conseguinte, emprega todos os pontos fortes das tradições arquitectónicas que Rogers evita. É um monumento às escolhas e à nossa pertença enquanto homens; o outro, um comentário sobre o distanciamento e a derrota do homem.

Vernáculos são também os caixilhos em cruz nas janelas quadradas que Rossi vai utilizando quase exclusivamente, como na escola de Fagnano Olona e no Teatro do Mundo em Veneza. A mesma janela tem sido também um elemento essencial no trabalho de Robert Venturi, como nas casas Trubek e Wislocki em Nantucket. Em cada um dos casos, o italiano e o americano, trata-se de um elemento vernáculo (a janela em cruz é um tipo *standard* do século XIX) que tem sido apurado em forma de quadrado com notável poder icónico: a janela como vazio, barreira, olho. Quando combinada, como é costume em cada um dos casos, com uma fachada de tímpano agudo, o sentido de continuidade de intenção e método, no caso, entre estes dois arquitectos, considerados de antemão em pólos opostos, torna-se mais forte. Cada um foi capaz de ver, compreender e recordar as formas vernáculas da sua própria cultura e, daí, partir do "desenho" moderno para algo ilusoriamente mais simples, até abstracto, mas de facto mais tradicional, básico e duradouro.

A grande arquitectura desta geração pode finalmente ser "internacional", uma vez mais, de um modo nunca imaginado pelos arquitectos do *International Style*. Mas não há ninguém que se compare a Rossi quanto ao tipo de afeição pura que parece ser capaz de incorporar nas suas formas. O Teatro do Mundo é até hoje o melhor exemplo disso, embora o jogo-monumental da porta medieval para a Bienal de 1980 não lhe fique atrás. No Teatro o processo começa, mais uma vez, com a memória. O Baptistério de Florença é por ela transmutado numa torre de comovente aspecto primitivo, revestida em madeira, por alguém para quem este material sugere uma fonte de poder não propriamente rústico mas arcaico. No seu interior, uma estrutura tubular em aço tal como a memória de um esqueleto de pontão, enquadra um espaço vertical e alto como o de uma igreja Russa, uma versão alongada do Globo de Shakespeare, *il mondo*, o derradeiro ambiente teatral. Flutuando na sua jangada, a alta torre balança com a corrente, o seu esqueleto de aço move-se pelo interior do revestimento em madeira; um corpo inteiro, alto e estreito, precário como um pássaro Zuni Shakalo. Também ela é uma criatura com olhos quadrados de janela em cruz, mas é também Florença que acorre à chamada de Veneza, o Baptistério com a sua água benta a flutuar agora no mar, o seu telhado cónico azul com o globo e a bandeirinha, navegando serenamente até às cúpulas e globos de *della Salute* e *Dogana del Mare*.

Todas estas formas se dirigem para uma espécie de afeição familiar porque parecem oferecer-nos um estado fundamental do ser, fora de modas, questionando o próprio conceito de estilo, muito mais do que o *International Style* alguma vez fez. São formas que aparentam ser, como Rossi esperava, "sem evolução". Simplesmente existem, como se tivessem existido sempre. Para tal, evitam gesticulações linguísticas. São silenciosas. Também Kahn, no final da vida, apelou ao "silêncio"; e Rossi afirma repetidamente neste texto querer que os edifícios sejam "mudos". Utiliza a palavra alemã *sprachlos* para os descrever. E sem fala se erguem, veículos da recordação, comovedores como num estado físico para lá do mundo das palavras. Sem fala, abrimos-lhes os nossos corações e eles guardam-nos os sonhos.

Desenhos

Unità residenziale Monte Amiata/
Unidade residencial Monte Amiata
Bairro Gallaratese, Milão, 1968-1973

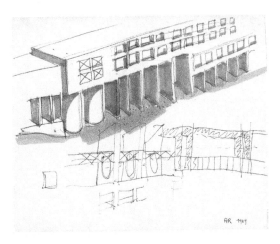

*Studio per il quartiere Gallaratese/
Estudo para o bairro Gallaratese*, 1969
caneta e pincel sobre papel, 20,7 × 25,4 cms

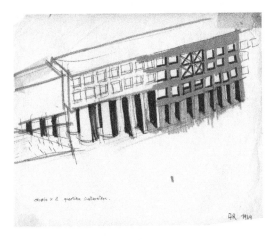

*Studio per il quartiere Gallaratese/
Estudo para o bairro Gallaratese*, 1969
caneta e pincel sobre papel, 20,7 × 25,4 cms

Senza titolo/Sem título, 1972
Colagem e picel sobre papel, 17 × 19 cms

Casa d'abitazione a Milano/Gallaratese, 1970/
Casa de habitação em Milão/Gallaratese, 1970, 1980

Piazza del municipio e monumento ai Partigiani/
Praça do município e monumento aos resistentes
Segrate, 1965-1967

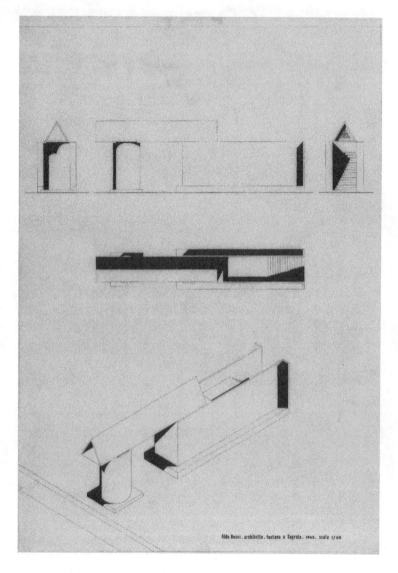

Fontana a Segrate/Fonte em Segrate, 1965
Tinta e pincel sobre papel vegetal, 86,5 × 61 cms

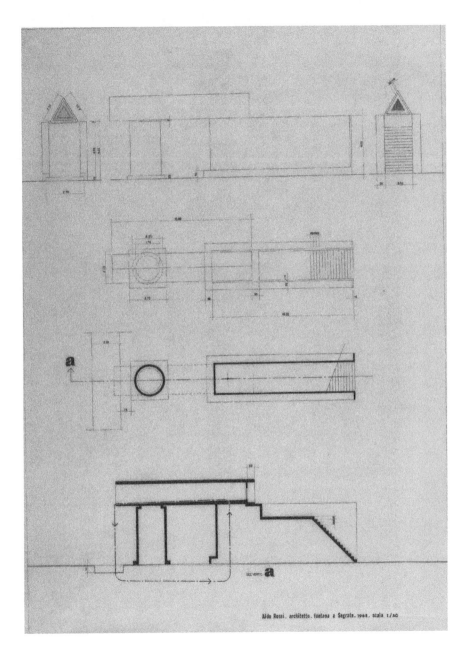

Fontana a Segrate/Fonte em Segrate, 1965
Tinta e pincel sobre papel vegetal, 86,5 × 61 cms

*Il triangolo in architettura. Studio per il Monumento di Segrate/
O triângulo na arquitetura. Estudo para o monumento de Segrate*, 1967
Tinta e pintura a óleo sobre papel vegetal, 71,5 × 58,5 cms

Il monumento di Segrate/O monumento de Segrate, 1965, 1980

Monumento alla Resistenza/Monumento à Resistência
Cuneo, 1962

Il cubo di Cuneo/O cubo de Cuneo, 1962, 1980

Il monumento di Cuneo/O monumento de Cuneo, 1962/1987
Aguarela e pincel sobre gravura, 42 × 29,5 cm
Obra única, parte de *Corpus Medioelanensis* de gravuras redesenhadas e repintadas pelo autor

Faro/Farol
1980

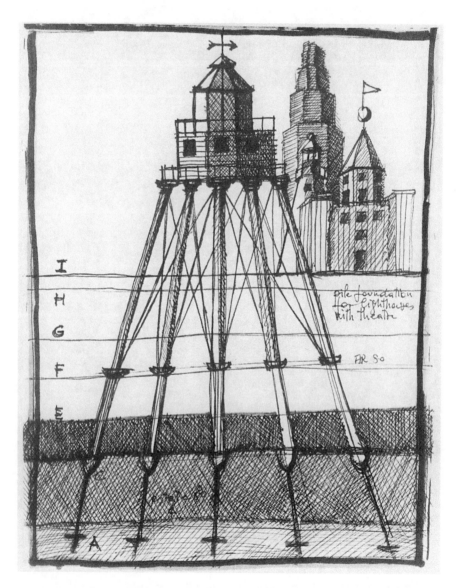

*Pile foundation for Lighthouses with theatre/
Estacaria de fundação para Faróis com teatro*, 1980

Senza titolo/Sem título, s.d.
lápis preto sobre papel, 28 × 22 cms
Coleção privada

Senza titolo/Sem título, 1981
lápis de cores, caneta e pincel
sobre papel 25 × 20,5 cms

Cabine dell'Elba/Cabinas de Elba
1982-1984

Un'altra estate/Um verão mais, 1979
Aguarela, tinta e pincel sobre papel, 31 × 21,2 cm

Le cabine dell'Elba/As cabinas de Elba, 1975, 1980

Casa dello student/Casa do estudante
Chieti, 1976

La casa dello studente di Chieti/A casa do estudante em Chieti, 1976, 1980

La casa dello studente a Chieti/A casa do estudante em Chieti, 1987
lápis de cores e pincel sobre gravura, 49 × 29,5 cm
Obra única, parte de *Corpus Medioelanensis* de gravuras redesenhadas e repintadas pelo autor

Casa Bay, *villa* e padiglione/Casa Bay, *villa* e pavilhão
Borgo Ticino, 1973

Casa Bay a Borgo Ticino/Casa Bay em Borgo Ticino, 1973
pastel, caneta e têmpera sobre papel, 23 × 29,5 cm

Casa Bay a Borgo Ticino/Casa Bay em Borgo Ticino, 1974
colagem sobre cartão, 44,2 × 18,2 cm

Le case sul Ticino/As casas sobre o Ticino, 1975, 1980

Cimiterio di San Cataldo/Cemitério de San Cataldo
Módena, 1971-1978

Cimitero di Modena/Cemitério de Modena, 1971
pincel sobre papel, 22,1 × 14,2 cm

*Composizione con cimitero di Modena e Santo/
Composição com cemitério de Modena e Santo*, 1979
óleo sobre madeira, 42 × 29,5 cm

Il portico di Modena/O pórtico de Modena, 1977, 1980

*Il grande cimitero di Modena/
O grande cemitério de Modena*, 1983
caneta e pincel sobre papel, 21 × 15 cm

*Studio di Modena/
Estudo para Modena*, 1977-1984
caneta e pincel sobre papel, 22,3 × 15 cm

Unità unifamigliari/Unidades unifamiliares, Mozzo
1977-1979

Le case di Bergamo/As casas de Bergamo, 1979, 1980

Case a Mozzo presso Bergamo/Casas em Mozzo, Bergamo
As casas datam de 1984, sendo o desenho posterior, 1987
aguarela, pincel e têmpera sobre gravura, 42 × 29,5 cm
Obra única, parte de *Corpus Medioelanensis* de gravuras redesenhadas e repintadas pelo autor

Secuola media/Escola média
Broni, 1979-1981

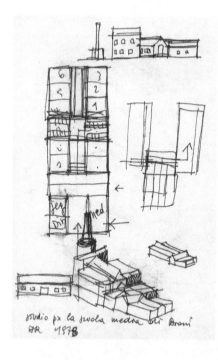

*Studio per la scuola media di Broni/
Estudo para a escola média de Broni*, 1978
tinta sobre papel, 21,5 × 16,5 cm

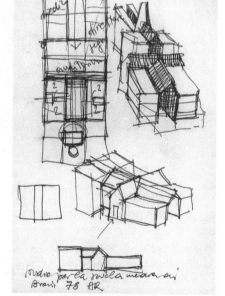

*Studio per la scuola media di Broni/
Estudo para a escola média de Broni*, 1978
tinta sobre papel, 21,5 × 13,7 cm

La scuola di Broni/A escola de Broni, 1979
pastel e pincel sobre papel, 20,7 × 13,3 cm

La scuola di Broni/A escola de Broni, 1978, 1980

Architetture collegate con la scuola di Broni/Arquiteturas ligadas à escola de Broni, 1984-1987
aguarela e pincel sobre gravura, 42 × 29,5 cm
Obra única, parte de *Corpus Medioelanensis* de gravuras redesenhadas e repintadas pelo autor

Teatro del Mondo/Teatro do Mundo
Veneza, 1979

Teatro veneziano/Teatro veneziano, 1979, 1980

L'alba alla Giudecca con il teatro del Mondo 81. Cornice veneziana, 1987/
Amanhecer na Giudecca com o teatro do Mundo 81. Moldura veneziana, 1987
aguarela e pastel sobre gravura, 42 × 29,5 cm
Obra única, parte de *Corpus Medioelanensis* de gravuras redesenhadas e repintadas pelo autor

Portale della "XXXIX Biennale Internazionale d'Arte"/
Portal da XXXIX Bienal Internacional de Arte
Veneza, 1980

Portale per la Biennale/Portal para a Bienal, 1980

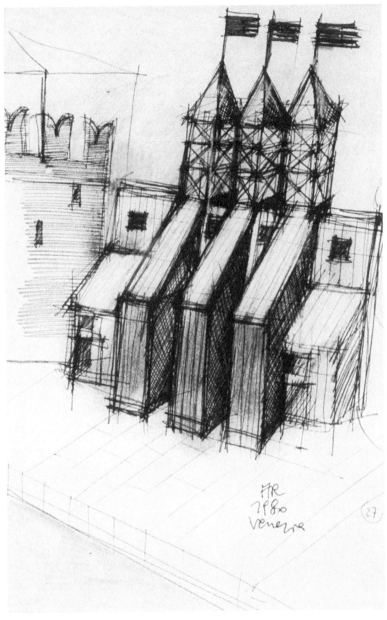

Studio per portale della "XXXIX Biennale Internazionale d'Arte" /
Estudo para o portal da XXXIX Bienal Internacional de Arte, s. d., 30 × 21 cms
Coleção privada